INHALTSVERZEICHNIS

Hallo, Freunde! 4
Über uns 6
Ohne das geht bei uns nichts! 8

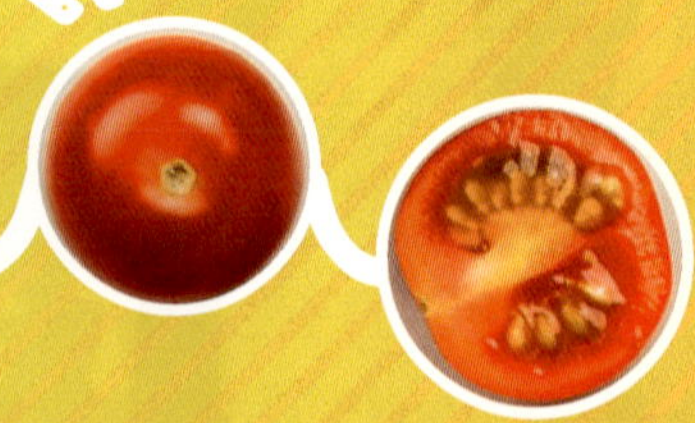

FRÜHSTÜCK 10

Avocado-Ei-Toast 12
Nature's Cereals 14
Rainbow Chia Pudding 16
Cinnamon Rolls Cereal 18
Croissant Cereal 20
Pancake Cereal 22
Spiral Pancakes 24
Chocolate Pancake Rolls 26
Sweet Dorayaki 28

... und genießen!

HERZHAFTES 30

Focaccia 32
Knoblauch-Confit 34
Brezel-Snack 36
Nudelchips 38
Mini-Kartoffelkissen 40
Kartoffelkorallen 42
Gitterkartoffeln 44
Smashed Potatoes 46
Gurken-Sushi 48
Chinesischer Gurkensalat 50
Koreanische Corn Dogs 52
Cowboy Caviar 54
Tortilla Wrap Hack 56
Chili Oil Noodles 58
Pink Pasta 60
Käääääse-Pasta 62
Blitz-Pasta 64
Mac 'n Cheese 66
Pasta al Limone 68
Baked Feta Pasta 70
Roasted Vegetable Pasta 72

DESSERTS & SÜSSE SNACKS ... 74

Tanghulu ... 76
Gebrannte Mandeln ... 78
Cookie Dough zum Naschen ... 80
Chocolate French Toast Sticks ... 82
Cookies 'n Cream Sushi ... 84
Veganes Schoko-Eis ... 86
Vanilla Chocolate Dessert Bowl ... 88
Erdbeer-Tiramisu ... 90
Regenbogen-Crepe-Kuchen ... 92

KUCHEN, KEKSE & CO. ... 94

Schokoholic-Tassenkuchen ... 96
Double Choc Tassenkuchen ... 98
Haselnuss-Brownies ... 100
10-Minuten-Schokokuchen ... 102
Easy-Peasy-Donuts ... 104
Schoko-Erdbeer-Cookies ... 106
Bunteste Cookies ... 108
Notfall-Schoko-Cookies ... 110
Chocolate Chip Cookies ... 112
Churro-Brezeln ... 114
Baumstriezel ... 116
Zimtzöpfe ... 118
Lava Cake ... 120
Lemon Cheesecake Bars ... 122
New York Cheesecake ... 124
Cheesecake Sticks ... 126
Erdbeer-Pudding-Torte ... 128

DRINKS ... 130

Brazilian Limeade ... 132
Schmetterlings-Wolkentee ... 134
Strawberry Milkshake ... 136
Haselnuss-Milchshake ... 138

Register ... 140
Buchempfehlungen ... 142
Impressum ... 144

HALLO, FREUNDE!

Wir freuen uns, dass ihr unser erstes Kochbuch in Händen haltet! Aber wer seid ihr eigentlich?

Folgt ihr uns auf TikTok und seid ihr von außergewöhnlich bunten Kuchen, One-Pot-Pasta oder Tanghulu fasziniert? Vergesst ihr immer wieder das Abspeichern unserer Rezepte, sodass ihr Schwierigkeiten habt, sie nachzukochen? Steht ihr gerade in der Küche und möchtet ihr für die Kinder Gurkensushi zubereiten, weil sie euch schon seit Wochen mit diesem TikTok-Video nerven?

Oder kennt ihr uns noch nicht, habt aber schon von Mac 'n Cheese, Smashed Potatoes oder Schmetterlingsblüten-Wolkentee gehört und möchtet endlich mehr darüber wissen? Oder wisst ihr gar noch überhaupt nichts über die Foodtrends auf TikTok (was wir uns gar nicht vorstellen können)?

Egal, zu welcher Gruppe ihr gehört, wir hoffen, dass ihr mit diesem Buch Spaß am Backen und Kochen habt und allerlei trendige Foodtrends für euch entdecken und ausprobieren könnt.

Die meisten Rezepte sind leicht nachzukochen und bestehen nur aus wenigen Zutaten. Nur Mut! Auch wir sind keine ausgebildeten Kochexperten! Wir haben einfach nur als Kinder zu Hause in der Küche mitgeholfen und dann Rezepte mit eigenen Ideen weiterentwickelt.

Vielen lieben Dank an alle unsere wunderbaren Follower, die dieses Buch möglich gemacht haben. Wir wünschen euch ganz viel Freude damit – genauso viel, wie wir beim Gestalten der Fotos und beim Aufschreiben der Rezepte hatten.

Fabi & Phil

ÜBER UNS

Nein, wir sind KEINE Zwillinge, uns trennen anderthalb Jahre! Aber beide lieben wir das Drehen von Videos, das Fotografieren, das Kochen und Backen. Und wir haben SPASS daran, neue und spannende Rezepte auszuprobieren und uns dabei für euch zu filmen. Seit unserer Kindheit sind das Filmen und das Fotografieren unsere Leidenschaften. Mit diesem Buch voller selbstgemachter Fotos und Rezepte wird ein TRAUM für uns wahr und wir freuen uns, dass ihr diesen Traum mit uns teilt.

Wie kam es zu @fabiundphil?

Das DUO Fabian und Philipp gibt es nun schon seit fast 20 Jahren. Zusammen mit unserer jüngeren Schwester sind wir in der Nähe von München aufgewachsen. Streit unter Brüdern gab es selten, schon immer nutzten wir unsere Zeit lieber für gemeinsame KREATIVE Projekte. In unserer Kindheit träumten wir davon, eigene Kinofilme zu drehen – und wir träumten nicht nur davon, wir fingen auch an, dafür zu arbeiten. Wir drehten wochenlang kurze KRIMISZENEN, in denen wir viel Kunstblut verwendeten. Das Gestalten der einzelnen Szenen war uns genauso wichtig wie die STORY selbst. Hier zeichnete sich schon ein wenig ab, wie unsere Zukunft aussehen könnte. Philipp stand meist hinter der Kamera, Fabian hatte mehr Spaß davor. Seit diesen ersten Versuchen beschäftigen wir uns mit allem, was zum FILMEN gehört: Kameras, Licht, Schneideprogramme und so weiter.

Als im Jahr 2020 der LOCKDOWN begann und wir viel Zeit zu Hause verbringen mussten, gewann TikTok immer mehr an RELEVANZ. Anstatt uns zu langweilen, sahen wir hier ein neues Projekt für uns schlummern: Voller Begeisterung holten wir unsere Kamera heraus und fingen an, Videos zu drehen. Die Möglichkeit, dank TikTok unsere Filme mit anderen zu teilen, gab unserem alten HOBBY aus Kindertagen eine neue PERSPEKTIVE. Darauf hatten wir eigentlich nur gewartet!
Nur: Was soll man auf TikTok hochladen? Auf der Suche nach einem zu uns passenden Content probierten wir Verschiedenes aus. Zum KOCHEN kamen wir schließlich, um ehrlich zu sein, indem wir es einfach ausprobiert und uns getraut haben, Rezepte nachzukochen und selbst NEUE zu kreieren. Sicher hat es uns auch geholfen, dass bei uns zu Hause täglich gekocht wird. Außerdem ist es für uns ganz normal, dass an Familienfeiern eine selbstgebackene Torte auf dem Tisch steht. Und weil uns TEIGSCHLECKEN schon als Kind Spaß gemacht hat, haben wir immer gerne in der Küche geholfen. (Nur das Abwaschen macht uns bis heute keinen Spaß 😉)

Die stetig wachsende Zahl an Followern hat uns darin bestärkt, mit unseren Küchenexperimenten weiterzumachen. Und je tiefer wir in die Welt des KOCHENS und BACKENS eingetaucht sind, umso mehr Spaß haben wir daran gefunden – und fast noch mehr freuen wir uns darüber, dass wir diesen Spaß und all unsere Ideen mit euch teilen dürfen! Und nun wünschen wir euch, dass ihr mindestens genauso viel Spaß habt wie wir beim Ausprobieren neuer und dem Genießen altbekannter Rezepte!

Fabi & Phil

… und genießen!

OHNE DAS
GEHT BEI UNS NICHTS!

Schokolade
Chocolate Chips
Zimt
Erdbeeren
Cookies 'n Cream-Kekse

omg

FRÜHSTÜCK

AVOCADO-EI-TOAST

Sooo Lecker

Toast geht immer, ganz egal wie spät (oder früh) es ist! Und der hier geht dank der Avocado auch noch als gesund durch – aber pssst, sagt das bloß nicht laut …!

Zubereitung

1. Aus jeder Toastscheibe mittig mit einem Glas o. Ä. einen Kreis ausstechen.
2. In einer großen beschichteten Pfanne die Butter zerlassen und die Pfanne gut schwenken, um die Butter gleichmäßig darin zu verteilen.
3. Die Toastscheiben nebeneinander in die Pfanne legen und in jedes Loch ein Ei schlagen. Das Eiweiß stocken lassen, dann die Toastscheiben wenden, bis sie auf beiden Seiten hellbraun gebraten sind.
4. Die halbe Avocado schälen und in Scheiben schneiden.
5. Für die Sauce Ketchup, Mayonnaise, Honig und Pfeffer vermischen.
6. Jetzt die erste Toastscheibe aus der Pfanne nehmen und auf einen Teller legen. Mit Sauce bestreichen und mit Avocado- und Käsescheiben belegen.
7. Die zweite Toastscheibe auf die erste legen, ebenfalls mit Sauce bestreichen und mit Avocado- und Käsescheiben belegen.
8. Den Abschluss bildet die dritte Toastscheibe.

Für 1 Toast

- 3 Scheiben Toast
- etwas Butter
- 3 Eier
- ½ Avocado
- 30 ml Ketchup
- 30 ml Mayonnaise
- ½ TL Honig
- Pfeffer
- 2 Scheiben Emmentaler

Für 2 Portionen

- 1 Kokosnuss
- 1 Granatapfel
- 1 Zitrone
- 100 g Erdbeeren
- 100 g Heidelbeeren
- 100 g Brombeeren
- Eiswürfel

Yummy!

Zubereitung

1. Die Kokosnuss halbieren und das Kokoswasser auffangen. Den Granatapfel unter fließendem Wasser vierteln (sonst gibt's eine riesige Sauerei!) und die Viertel mit einem Esslöffel vorsichtig entkernen; die Kerne beiseitestellen. Die Zitrone auspressen. Die Erdbeeren waschen und vierteln, die weiteren Beeren vorsichtig waschen.
2. Die Kokosnusshälften als Bowls benutzen und mit den Granatapfelkernen und den Beeren füllen.
3. Das Kokoswasser über die Früchte geben, Eiswürfel hinzufügen und mit dem Zitronensaft abrunden.

NATURE'S CEREALS

Einer der einfachsten und leckersten TikTok-Foodtrends, die es je gab – auch wenn ihr keinen Marathon laufen wollt, ist dies der perfekte Start in einen heißen Tag!

RAINBOW CHIA PUDDING

Ein veganer, super cremiger und unglaublich leckerer Regenbogen zum Frühstück – besser kann ein Tag nicht beginnen! Tauscht den Mandeldrink gegen euren eigenen Lieblings-Pflanzendrink, wenn ihr einen anderen lieber mögt.

Für 2 Portionen

- 30 g Chiasamen
- 200 ml Mandeldrink
- 1 EL Ahornsirup
- 1 TL Vanilleextrakt
- 1 Mango
- 1 Kiwi
- 80 g Erdbeeren
- 80 g Heidelbeeren
- 80 g Brombeeren
- 1 TL Kokosraspeln
- 1 TL Agavendicksaft

Zubereitung

1. Für den Pudding die Chiasamen in einer Schüssel mit dem Mandeldrink, dem Ahornsirup und dem Vanilleextrakt verrühren und mindestens 2 Stunden abgedeckt im Kühlschrank quellen lassen.
2. Die Mango und die Kiwi schälen. Das Fruchtfleisch der Mango vom Kern trennen und klein würfeln. Die Kiwi ebenfalls klein würfeln. Die Erdbeeren vierteln. Die Heidelbeeren vorsichtig waschen.
3. Abwechselnd Chia-Pudding und je eine Obstsorte in ein Glas schichten und den Regenbogen mit den Brombeeren, den Kokosraspeln und dem Agavendicksaft anrichten.

Für 2 Portionen

- 200 g Mehl
- 30 g + 35 g Zucker
- 50 g + 50 g Butter
- 1 Ei
- 1 TL Trockenhefe
- 50 ml Milch
- Salz
- 1 EL Zimt
- 1 TL Kardamom, gemahlen

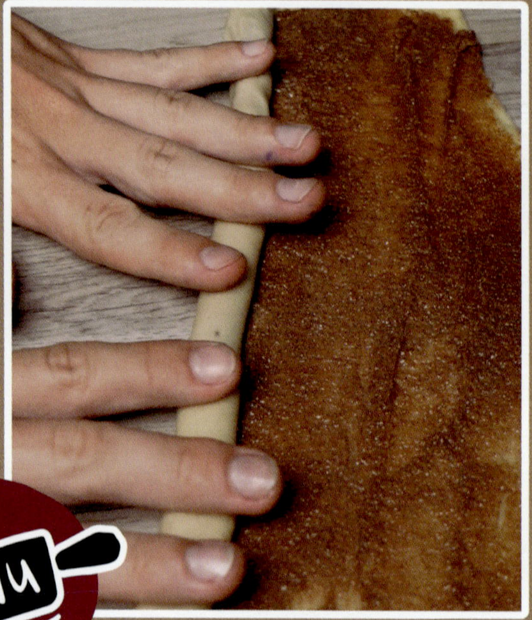

Zubereitung

1. Für den Teig das Mehl, 30 g Zucker und 1 Prise Salz in einer Schüssel vermischen. 50 g Butter schmelzen und zusammen mit dem Ei zur Mehl-Zucker-Mischung geben. Die Trockenhefe und die Milch ebenfalls einrühren und alles in ca. 3 Min. zu einem glatten Teig verkneten.
2. Den Teig abdecken und für 2 Stunden bei Zimmertemperatur ruhen lassen.
3. Den Backofen auf 180 °C Umluft (200 °C Ober-/Unterhitze) vorheizen.
4. In der Zwischenzeit für die Füllung 50 g weiche Butter mit dem Zimt, 35 g Zucker und dem gemahlenen Kardamom vermischen.
5. Den Teig dünn ausrollen, mit der Füllung bestreichen und einrollen. Die Teigrolle in etwa 0,5 cm dicke Scheiben schneiden und die Scheiben mit ausreichend Abstand zueinander flach auf ein mit Backpapier ausgelegtes Backblech legen.
6. Die Schnecken im heißen Ofen in 10 Min. goldgelb backen.

CINNAMON ROLLS CEREAL

Es gibt wohl nichts, was Philipp mehr beeindruckt, als Zimtschnecken. Und gebt es zu: Sie sind doch wirklich magisch! Aufgrund dieser Obsession musste dieses süße Frühstück natürlich unbedingt in unser Buch aufgenommen werden.

CROISSANT CEREAL

Mal ehrlich, gibt's was Leckerereres als Croissants und Müsli in einem?! (Gut, vielleicht Pancakes und Müsli in einem, siehe nächste Seite... Wie gut, dass wir uns nicht zwischen den beiden entscheiden müssen!)

Für 2 Portionen

- 1 Pck. Blätterteig (aus dem Kühlregal)
- 30 g Butter
- Zimt
- Zucker
- 150 ml Milch

Zubereitung

1. Den Backofen auf 180 °C Umluft (200 °C Ober-/Unterhitze) vorheizen.
2. Den Blätterteig ausbreiten, mit einem Messer längs halbieren und die Hälften in viele kleine, spitze Dreiecke schneiden.
3. Jedes Dreieck von der breiten Seite her zu einem Mini-Croissant aufrollen.
4. Die Butter bei niedriger Hitze in einem Topf oder in der Mikrowelle schmelzen. Den Zimt mit dem Zucker vermischen.
5. Die Croissants auf ein mit Backpapier ausgelegtes Backblech legen, mit der geschmolzenen Butter bestreichen und mit der Zucker-Zimt-Mischung bestreuen.
6. Im heißen Ofen in 10 Min. backen, abkühlen lassen, auf zwei Müslischalen verteilen und mit der Milch übergießen.

GOOD MORNING

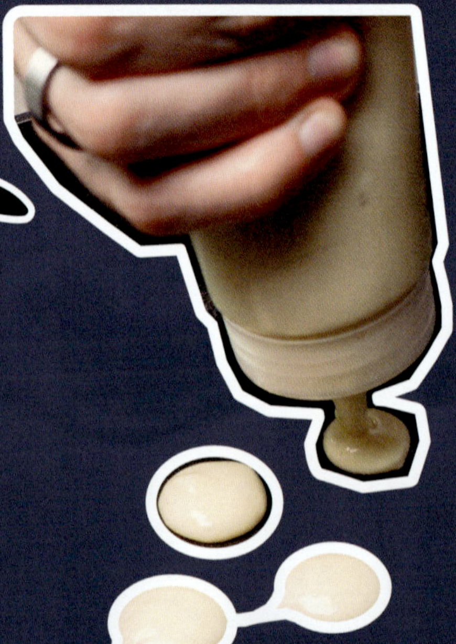

Für 2 Portionen

- 150 g Mehl
- 1 TL Backpulver
- 1 Ei
- 150 ml + 150 ml Milch
- 1 EL Zucker
- 1 Prise Salz
- etwas Butter
- 100 g Erdbeeren
- 100 g Heidelbeeren
- 2 EL Chocolate Chips
- Milch

Das müsst ihr probieren!

Zubereitung

1. Für den Teig zuerst das Mehl mit dem Backpulver, dem Ei, 150 ml Milch, dem Zucker und dem Salz glattrühren. Bei Bedarf noch etwas Mehl oder Milch hinzugeben, um die gewünschte Konsistenz zu erlangen. Den Teig anschließend in eine Quetschflasche füllen.
2. In einer beschichteten Pfanne etwas Butter zerlassen und die Pfanne schwenken, damit sich die Butter gut darin verteilt.
3. Mit der Quetschflasche kleine Teigtupfen mit etwas Abstand zueinander in die Pfanne geben und diese bei mittlerer Hitze zu goldbraunen Mini-Pfannkuchen ausbacken. Etwas abkühlen lassen.
4. Die Erdbeeren und die Heidelbeeren vorsichtig waschen, die Erdbeeren vierteln.
5. Die Pancakes in zwei Müslischalen geben, die Erdbeeren und Heidelbeeren darauf verteilen und Chocolate Chips darüberstreuen. Zum Schluss mit 150 m Milch übergießen.

PANCAKE CEREAL

Die fluffigen Mini-Pancakes, die in Begleitung von Beeren in Milch baden, sind viral gegangen, und das zu Recht: Sie machen sich auf dem Frühstückstisch wie echte Stars!

SPIRAL PANCAKES

Freunde, haben wir schon erwähnt, dass wir verrückt nach Pfannkuchen sind? Diese besonderen Exemplare haben nicht nur einen abgespacten Namen – wir nennen sie oft auch einfach liebevoll Zebrapfannkuchen –, sondern sie sind auch noch richtige Hingucker und haben darum unzählige Fans bei TikTok gewonnen!

Zubereitung

1. Für den Teig zuerst das Mehl, die Eier, die Milch, den Zucker und das Salz glattrühren. Bei Bedarf noch etwas Mehl oder Milch hinzugeben, um die gewünschte Konsistenz zu erlangen.
2. Etwa 1/6 des Teiges in eine extra Schüssel geben, mit dem Kakao vermischen und in eine Quetschflasche füllen.
3. In einer beschichteten Pfanne etwas Butter zerlassen und die Pfanne schwenken, damit sich die Butter gut darin verteilt.
4. Etwas dunklen Teig spiralförmig in die Pfanne quetschen. Nach etwa 30 Sek. mit einer Schöpfkelle den hellen Teig darüber geben und die Pfanne nochmals schwenken, sodass der gesamte Pfannenboden mit Teig bedeckt wird. Den ersten Pfannkuchen bei mittlerer Hitze ausbacken.
5. Sobald die erste Seite goldbraun gebacken ist, kann der Pfannkuchen gewendet werden. So lange weitere Pfannkuchen ausbacken, bis der Teig aufgebraucht ist.

Für 6 Pfannkuchen

- 130 g Mehl
- 2 Eier
- 300 ml Milch
- 1 EL Zucker
- 1 Prise Salz
- 1 EL Backkakao
- etwas Butter

unglaublich LECKER!

Für 6 Pfannkuchen

- 130 g Mehl
- 2 Eier
- 300 ml Milch
- 1 EL Zucker
- 2 EL Backkakao
- 1 Prise Salz
- etwas Butter
- 6 gefüllte Keks-Schokoriegel, zum Beispiel mit Milch-Haselnuss-Cremefüllung

Zubereitung

1. Für den Teig das Mehl, die Eier, die Milch, den Zucker, den Kakao und das Salz glattrühren. Bei Bedarf noch etwas Mehl oder Milch hinzugeben, um die gewünschte Konsistenz zu erlangen.
2. In einer beschichteten Pfanne etwas Butter zerlassen und die Pfanne schwenken, damit sich die Butter gut darin verteilt.
3. Etwas Teig mit einer Schöpfkelle in die Pfanne geben und die Pfanne nochmals schwenken, sodass der gesamte Pfannenboden mit Teig bedeckt wird. Den ersten Pfannkuchen bei mittlerer Hitze ausbacken.
4. Sobald die erste Seite goldbraun gebacken ist, kann der Pfannkuchen gewendet werden. So lange weitere Pfannkuchen ausbacken, bis der Teig aufgebraucht ist.
5. Die fertigen Pfannkuchen einmal falten und jeweils einen Schokoriegel einrollen.

CHOCOLATE PANCAKE ROLLS

menu of the DAY

Noch ein Pfannkuchen-Pfavorit von uns :) Ein Stapel frischer Pfannkuchen mit Schokolade sowohl im Teig als auch in der Füllung – so kann der Tag kommen!

SWEET DORAYAKI

Dorayaki ist ein japanisches Dessert aus zwei fluffigen Pancakes, die als Sandwich zusammengeklappt und mit roter Bohnenpaste gefüllt werden. Wie ihr aber vielleicht schon gemerkt habt, geht bei uns nichts ohne Nuss-Nugat-Creme, deshalb haben wir die Bohnenpaste einfach ersetzt.

Zubereitung

1. Das Mehl mit dem Zucker, dem Vanillezucker, dem Backpulver, 20 ml Wasser und den Eiern zu einem glatten Teig verrühren und für 15 Minuten abgedeckt im Kühlschrank ruhen lassen.
2. In einer beschichteten Pfanne etwas Butter zerlassen und die Pfanne schwenken, damit sich die Butter gut darin verteilt.
3. Mit einer Schöpfkelle eine etwa handflächengroße Portion Teig in die Pfanne geben.
4. Sobald der Pancake kleine Bläschen wirft, kann er gewendet werden. Goldbraun ausbacken.
5. Je zwei Pancakes mit Nuss-Nugat-Creme bestreichen und zu einem Sandwich zusammenklappen.

omg

Für 3 Portionen

- 90 g Mehl
- 60 g Zucker
- 1 Pck. Vanillezucker
- 1 TL Backpulver
- 2 Eier
- etwas Butter
- Nuss-Nugat-Creme

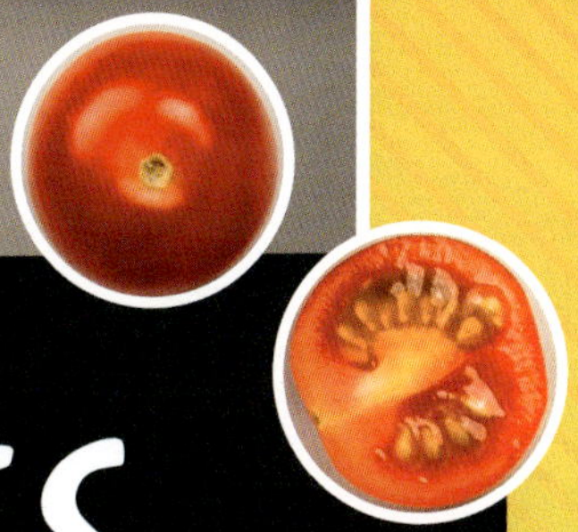

HERZHAFTES

FOCACCIA

Wir könnten stundenlang durch die unzähligen Focaccia-Videos auf TikTok scrollen, denn wie das goldgelbe Olivenöl ganz ruhig und besonnen in den Teig eingearbeitet wird, versetzt uns jedes Mal aufs Neue in tiefe Entspannung. Der Weg zur perfekten Focaccia dank Autolyse – wenig Hefe, viel Aroma – ist ein Prozess. Doch es lohnt sich!

Das müsst ihr probieren!

Für 1 Focaccia

- 450 g Mehl Tipo 00 (oder Type 550)
- 50 g Hartweizengrieß
- 3 g Frischhefe (oder 1 g Trockenhefe)
- 15 g Salz
- 15 ml + 20 ml Olivenöl
- 50 g Kirschtomaten
- 50 g Mini-Mozzarella-Kugeln
- Rosmarin
- Fleur de Sel

Zubereitung

1. Für den Teig Mehl und Hartweizengrieß mit 420 ml kaltem Wasser vermischen und abgedeckt bei Raumtemperatur 1 Stunde ruhen lassen – das ist die Autolyse. Dabei verquellen die Stärke und das Eiweiß in den Zutaten und ihr könnt den Teig später viel easier kneten.
2. Die Hefe zusammen mit dem Salz und 15 ml Olivenöl dazugeben und in der Küchenmaschine in 12–15 Minuten verkneten, bis ein glatter Teig entsteht.
3. Den Teig in eine geölte Schüssel geben und 2 Stunden bei Raumtemperatur gehen lassen. Zwischendurch den Teig dreimal dehnen und falten.
4. Gebt nun den Teig abgedeckt in den Kühlschrank und lasst ihn 20 Stunden lang reifen, sodass er sein Aroma entwickeln kann: Das ist die sogenannte kalte Gare.
5. Den fertig gereiften Teig vorsichtig in eine große geölte Auflaufform oder auf ein geöltes Backblech mit erhöhtem Rand stürzen, auf die gewünschte Größe ausbreiten und ein letztes Mal abgedeckt bei Raumtemperatur etwa 1 Stunde gehen lassen.
6. Den Backofen auf 270 °C (Ober-/Unterhitze) vorheizen. Die Kirschtomaten und die Mini-Mozzarella-Kugeln halbieren.
7. Den Focaccia-Teig mit 20 ml Olivenöl bestreichen und gleichmäßig auf der Oberfläche verteilt mit den Fingern vorsichtig Dellen eindrücken. Dabei aufpassen, dass keine Luftblasen aus dem Teig gedrückt werden!
8. Belegt als Letztes die Focaccia mit den Kirschtomaten und Mozzarella-Kugeln, streut Rosmarin und Fleur de Sel darüber und backt ihn 25–35 Minuten lang im heißen Ofen (Achtung, die Backzeit kann je nach Dicke der Focaccia variieren). Nach 12–14 Minuten Backzeit die Temperatur auf 200 °C reduzieren.

Für 500 ml

- 5 Knollen Knoblauch
- 300 ml Olivenöl
- 1 Chilischote
- 1 Zweig Rosmarin
- Salz

Zubereitung

1. Den Backofen auf 120 °C Umluft (130 °C Ober-/Unterhitze) vorheizen.
2. Den Knoblauch schälen und die Zehen gut waschen. Die ganzen Zehen in eine ofenfeste Form geben und vollständig mit dem Olivenöl bedecken.
3. Die Chilischote halbieren und zusammen mit dem ganzen Rosmarinzweig dazugeben. Salzen.
4. Die Form für etwa 1 Stunde in den heißen Ofen geben. Die genaue Backzeit hängt von der Größe und Frische der Knoblauchzehen ab: Das Confit ist fertig, wenn die Zehen schön weich sind und mit einem Messer wie Butter verstrichen werden können.
5. Die Chilischote und den Rosmarinzweig herausfischen und die Knoblauchzehen mit dem Öl in ein sauberes Einmachglas füllen. Verschließen und im Kühlschrank lagern.

KNOBLAUCH-CONFIT

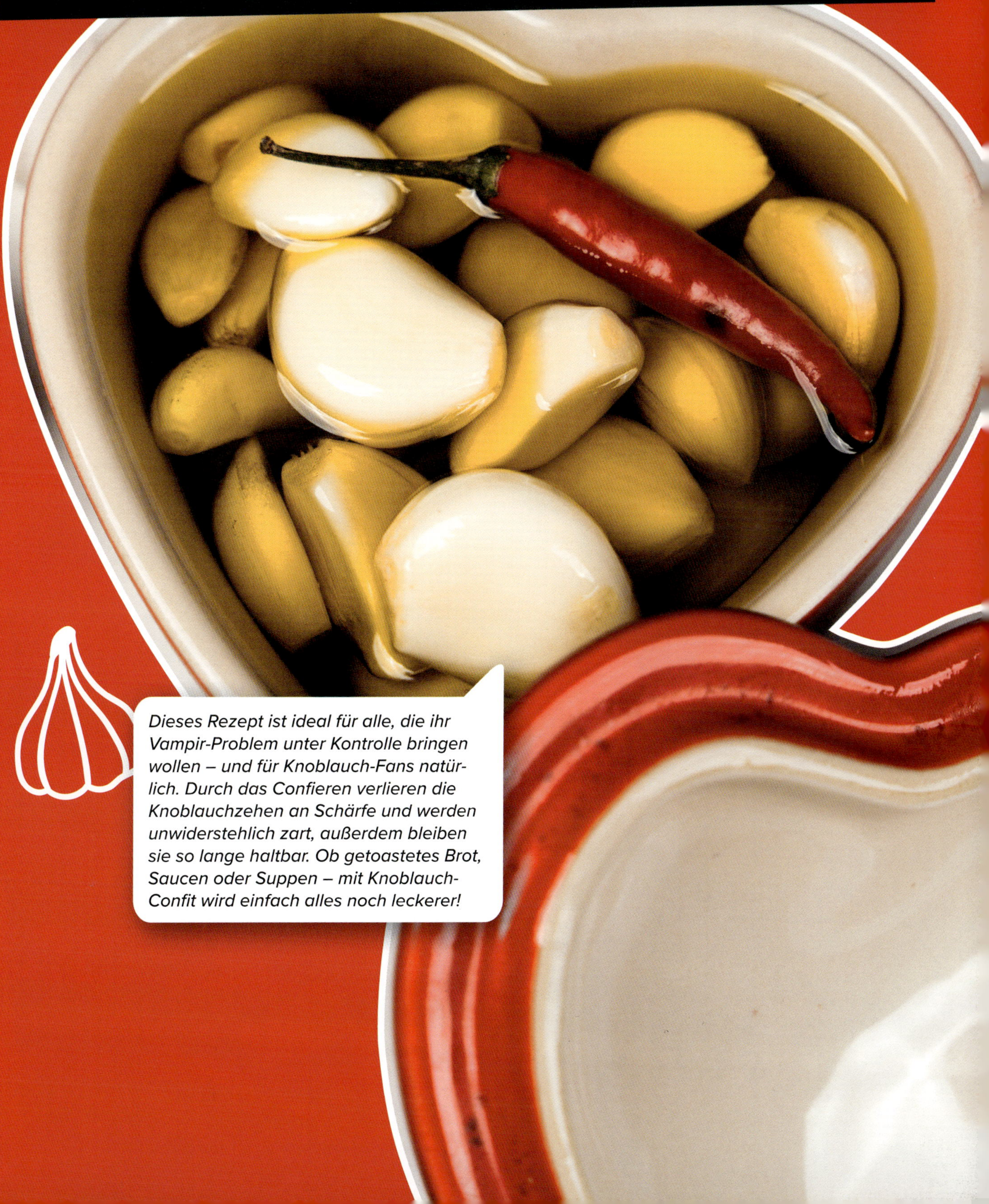

Dieses Rezept ist ideal für alle, die ihr Vampir-Problem unter Kontrolle bringen wollen – und für Knoblauch-Fans natürlich. Durch das Confieren verlieren die Knoblauchzehen an Schärfe und werden unwiderstehlich zart, außerdem bleiben sie so lange haltbar. Ob getoastetes Brot, Saucen oder Suppen – mit Knoblauch-Confit wird einfach alles noch leckerer!

BREZEL-SNACK

Wenn zu Hause ein paar Brezeln übrig geblieben sind, perfekt. Wenn nicht, geht sofort los und kauft welche – dieses Party-Highlight müsst ihr unbedingt probieren!

Für 2 Portionen

- 2 Brezeln
- 50 g Butter
- 25 g Honig
- 50 g Senf
- 1 Prise Salz
- ½ TL Paprikapulver
- ½ TL Pfeffer

SUPER EINFACH!

Zubereitung

1. Den Backofen auf 120 °C Umluft (140 °C Ober-/Unterhitze) vorheizen.
2. Die Butter bei niedriger Temperatur in einem Topf schmelzen.
3. Die geschmolzene Butter mit dem Honig, dem Senf, dem Salz, dem Paprikapulver und dem Pfeffer in eine Schüssel geben und alles gut vermischen.
4. Die Brezeln in kleine Stücke schneiden und in die Honig-Marinade geben.
5. Die Brezelstücke mehrfach in der Marinade wenden, dann auf einem mit Backpapier ausgelegten Backblech verteilen und für 60 Minuten in den heißen Ofen geben.

Für 2 Portionen

- 3 TL + etwas Salz
- 50 g Parmesan
- 150 g kurze Nudeln, z. B. Rigatoni
- 3 EL Olivenöl
- 1 TL Knoblauchpulver
- 1 TL Oregano, gemahlen
- Pfeffer

Zubereitung

1. In einem großen Topf 3 l Wasser mit dem Salz zum Kochen bringen.
2. Die Nudeln nach Packungsanweisung kochen, abgießen, abtropfen lassen und mit etwas Küchenpapier weiter trockentupfen.
3. Den Parmesan fein reiben.
4. In einer Schüssel das Olivenöl mit dem geriebenen Käse, dem Knoblauchpulver, dem Oregano sowie etwas Salz und Pfeffer vermischen und die Nudeln darin schwenken.
5. Die geölten Nudeln für etwa 15 Minuten bei 200 °C in die Heißluftfritteuse geben. Den Garkorb zwischendurch mehrmals ordentlich durchschütteln.

NUDELCHIPS

Warum noch langweilige Kartoffelchips essen, wenn man sich ganz fix aus Nudeln eine viel coolere Variante zaubern kann? Unser Lieblings-Dip für diesen würzigen Snack ist übrigens Sour Cream.

MINI-KARTOFFELKISSEN

Kartoffelkissen, Potato Puffs, Potato Pillows – wie ihr sie auch nennen mögt, diese originellen Kartoffelteilchen laden ganz gemütlich zum Genießen ein!

Zubereitung

1. Die Kartoffeln schälen und vierteln.
2. In einem großen Topf 2 l Wasser zum Kochen bringen.
   Die Kartoffelviertel hineingeben und weichkochen, danach abgießen und etwas abkühlen lassen.
3. Die Kartoffelviertel durch eine Kartoffelpresse pressen.
4. Die Kartoffelmasse mit der Speisestärke und den Gewürzen vermischen und gut durchkneten, dann daraus mehrere Rollen mit etwa 5 cm Durchmesser formen.
5. Die Rollen in 5 cm große Stücke schneiden und jedes Stück mit einer Gabel platt drücken.
6. Das Öl in einer Pfanne erhitzen, die Kartoffelkissen hineingeben und goldbraun frittieren.

SUPER EINFACH!

Für 4 Portionen

- 500 g Kartoffeln
- 2 EL Speisestärke
- Salz
- Pfeffer
- Paprikapulver, rosenscharf
- etwas Öl

Für 4 Portionen

- 500 g große Kartoffeln, festkochend
- 200 g Mehl
- Frittieröl
- Salz
- Pfeffer
- Paprikapulver, rosenscharf
- Kräuter, getrocknet, nach Belieben, z. B. Rosmarin, Thymian, Basilikum, Majoran

Zubereitung

1. Die Kartoffeln schälen und aus jeder einen möglichst großen viereckigen Würfel schneiden. Die Kartoffelreste nicht wegwerfen: Die könnt ihr später einfach so mitfrittieren.
2. Jeden Kartoffelwürfel mehrfach einschneiden, die Schnitte etwa halb so tief machen, wie der Würfel hoch ist. Die Streifen sollten ca. 1 cm breit sein.
3. Dann den Würfel um 90° drehen, die Schnittfläche bleibt oben. Erneut auf gleiche Weise einschneiden, sodass ein Gitter entsteht.
4. Die eingeschnittenen Würfel unter fließendem Wasser abwaschen.
5. Das Mehl in eine Schüssel geben und die Würfel darin wenden.
6. Das Öl in einer Pfanne erhitzen und die Würfel darin goldbraun frittieren.
7. Anschließend mit den Gewürzen und Kräutern abschmecken

KARTOFFELKORALLEN

Bratkartoffeln finden wir langweilig, darum haben wir uns diese coolen Kartoffelkorallen ausgedacht. Mit so einer kreativen Beilage schmeckt alles gleich noch mal so gut!

GITTERKARTOFFELN

Und noch eine kreative Idee, die aus einer schnöden Kartoffelbeilage einen Hingucker macht. Sie macht fast keine Arbeit, aber der Effekt ist beeindruckend!

Für 2 Portionen

- 4 große Kartoffeln, festkochend
- 2 EL Öl
- Salz
- Pfeffer
- Knoblauch, gemahlen
- Thymian, getrocknet
- Oregano, getrocknet
- Schaschlikspieße (optional)

Zubereitung

1. Den Backofen auf 180 °C (200 °C Ober-/Unterhitze) vorheizen.
2. Die Kartoffeln schälen und längs in etwa 1 cm breite Scheiben schneiden.
3. Die Scheiben mit einem Messer mehrmals von oben einschneiden, ohne sie ganz durchzuschneiden.
4. Jede Scheibe wenden und um 45° drehen; die eingeschnittene Seite befindet sich jetzt unten. Erneut mehrfach einschneiden: Die Schnitte werden so um 45° versetzt zu den ersten angebracht.
5. In einer kleinen Schüssel das Öl mit den Gewürzen und den Kräutern vermengen.
6. Die Kartoffelscheiben rundum mit dem Gewürzöl bestreichen, auf ein mit Backpapier ausgelegtes Backblech legen und im heißen Ofen in 30 Minuten goldgelb backen.
7. Nach Belieben zum Servieren jede frittierte Scheibe auf einen Schaschlikspieß spießen.

Für 4 Portionen

- 1kg kleine Kartoffeln (Drillinge), festkochend
- 3 TL + etwas Salz
- 2 EL Olivenöl
- Pfeffer
- 2 Knoblauchzehen
- 3 Zweige Rosmarin
- 50 g Butter

Zubereitung

1. Den Backofen auf 200 °C Umluft (220°C Ober-/Unterhitze) vorheizen.
2. In einem großen Topf 3 l Wasser mit 3 TL Salz zum Kochen bringen.
3. Die Kartoffeln gründlich waschen und mit Schale in etwa 20 Minuten garkochen. Anschließend abgießen und mit etwas Abstand zueinander auf einem mit Backpapier ausgelegten Backblech verteilen.
4. Das Olivenöl mit Salz und Pfeffer vermischen.
5. Die gegarten Kartoffeln mithilfe eines Glases plattdrücken, sie sollten ca. 1,5 cm dick sein. Mit der Ölmischung bestreichen und im heißen Ofen zunächst 15 Minuten backen.
6. Die Knoblauchzehen und die Rosmarinzweige fein hacken.
7. Die Butter in der Mikrowelle oder in einem Topf auf dem Herd schmelzen, Knoblauch und Rosmarin einrühren.
8. Die Smashed Potatoes aus dem Ofen nehmen, mit der Gewürzbutter bestreichen und weitere 15 Minuten im Ofen knusprig backen.

SMASHED POTATOES

Dass diese Kartoffeln aussehen, als wären sie unter ein Auto gekommen, ist volle Absicht – lasst euch nicht davon abschrecken, sie schmecken absolut fantastisch! Das knusprige, würzige Äußere in Kombination mit dem weichen Inneren macht sie zumindest für uns unwiderstehlich.

GURKEN-SUSHI

Sushi ohne Reis??? Wir geben zu, diese Variante ist nicht gerade traditionell japanisch – aber zum Trendrezept hat sie es trotzdem gebracht, und auch wir lieben sie!

Für 8 Sushi-Rollen

- 1 Salatgurke
- 100 g Räucherlachs in Scheiben
- 100 g Frischkäse
- 1 TL Sesam, weiß und schwarz
- Sojasauce (optional)

Zubereitung

1. Mit einem Sparschäler die Gurke längs in nicht zu dünne Streifen hobeln.
2. Die Gurkenstreifen überlappend nebeneinander legen, sodass sie eine Fläche bilden.
3. Die Lachsstreifen darauf verteilen und alles mit Frischkäse bestreichen.
4. Die Gurkenscheiben-Fläche zu einer großen Wurst aufrollen und mit Sesam bestreuen, dann in kleinere Sushi-Rollen schneiden.
5. Nach Belieben mit Sojasauce servieren.

6 Zutaten + 20 Minuten Zeit = der perfekte spicy Gurkensalat – wenn Mathe doch immer so lecker wäre!

CHINESISCHER GURKENSALAT

Für 2 Portionen

- 4 kleine Salatgurken
- 3 Knoblauchzehen
- 1 EL Reisessig
- 2 EL Sojasauce
- 1 EL Sriracha-Sauce (alternativ Chili-Sauce)
- 1 TL Sesam, weiß
- 1 TL Sesam, schwarz

Zubereitung

1. Die Gurken waschen.
2. Die erste Gurke von einer Seite mehrfach einschneiden (auf keinen Fall durchschneiden!). Die „halben" Streifen sollen ca. 1cm dick sein.
3. Die Gurke wenden und um 45° drehen, sodass die eingeschnittene Seite unten liegt. Erneut mehrfach einschneiden: Die Schnitte werden so um 45° versetzt zu den ersten angebracht. Auch diese „halben" Streifen sollen ca. 1cm dick sein.
4. Alle Gurken auf diese Weise vorbereiten und alle zusammen in eine große Schüssel geben.
5. Die Knoblauchzehen pressen und über die Gurken streuen. Den Essig, die Sojasauce und die Sriracha-Sauce darübergießen und gut unterheben. Mit Sesam toppen.

KOREANISCHE CORN DOGS

Diese Hot-Dog-Version muss direkt aus dem Paradies kommen: süß, salzig, gleichzeitig crunchy und käsig – wir sind süchtig danach! Und der Rest der TikTok-Welt auch!

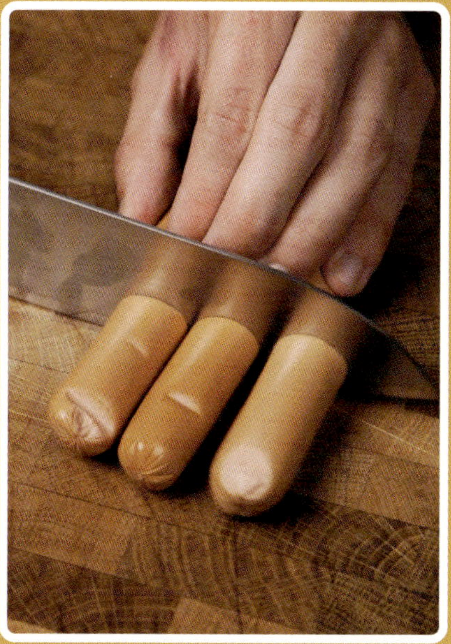

Zubereitung

1. Für den Teig das Mehl mit dem Maismehl, dem Backpulver, der Milch, dem Ei, dem Zucker und dem Salz verrühren. Den Teig in einer flachen Schüssel für 15 Minuten abgedeckt im Kühlschrank ruhen lassen.
2. Die Würstchen halbieren und den Käse in 6 gleichgroße Stücke schneiden. Jeweils ein halbes Würstchen zusammen mit einem Stück Emmentaler auf einen Schaschlikspieß spießen.
3. Das Öl in einer Pfanne auf etwa 170 °C erhitzen.
4. Das Panko auf einen flachen Teller geben.
5. Die Würstchen-Käse-Spieße erst im Teig, dann im Panko wenden und sofort im heißen Öl goldbraun frittieren.
6. Die Corn Dogs abtropfen lassen und mit Ketchup, Senf und Puderzucker bestreichen bzw. bestreuen.

Für 6 Corn Dogs

- 100 g Mehl
- 100 g Maismehl
- 2 TL Backpulver
- 150 ml Milch
- 1 Ei
- 2 EL Zucker
- 1 Prise Salz
- 3 Hot-Dog-Würstchen
- 250 g Emmentaler am Stück
- 6 Schaschlikspieße
- 1 l Frittieröl
- 100 g Panko
- Ketchup
- Senf
- Puderzucker

Für 4 Portionen

- 1 rote Paprika
- 1 gelbe Paprika
- 1 orange Paprika
- 1 grüne Paprika
- 1 rote Zwiebel
- 200 g Tomaten
- 400 g schwarze Bohnen (Dose)
- 400 g weiße Bohnen (Dose)
- 400 g Mais (Dose)
- 1 Handvoll Koriander
- 150 g Feta
- 1 Limette
- 50 ml Olivenöl
- 1 TL Salz
- 1 TL Pfeffer
- 1 TL Senf

Zubereitung

1. Die Paprikas, und die Tomaten waschen, die Zwiebel schälen. Alles klein würfeln.
2. Die Bohnen und den Mais abtropfen lassen und mit den Gemüsewürfeln in eine große Salatschüssel geben.
3. Den Koriander fein hacken und zusammen mit dem Feta über das Gemüse bröseln.
4. Für das Dressing die Limette auspressen und den Saft mit dem Olivenöl, Salz, Pfeffer und Senf vermischen.
5. Das Dressing über den Salat geben und gut unterheben.

COWBOY CAVIAR

TikTok zählt unzählige Varianten des trendigen Cowboy oder Texas Caviar – versucht doch mal unsere! Der super einfache Dip ist in weniger als 15 Minuten zubereitet und wird traditionell zu Nachos serviert. Wir finden ja, Cowboy Caviar ist auch die perfekte Füllung für Burritos.

TORTILLA WRAP HACK

Wir lieben Wraps! Weil man sie so einfach mit all dem belegen kann, worauf man gerade Lust hat – so schmecken sie immer wieder neu! Ob als Burrito, als Quesadilla, ob süß oder herzhaft, bei uns gibt es mindestens einmal pro Woche ein (Achtung, Zungenbrecher!) Wrap-Rezept. Diese Variante mit leckerem Kräuterfrischkäse essen wir selbst am liebsten zum Frühstück.

Für 4 Wraps

- ½ Bund Schnittlauch
- 1 Bio-Zitrone
- 2 EL Kresse
- 300 g Frischkäse
- 2 TL getrockneter Oregano
- Salz
- Pfeffer
- 4 Eier
- Muskatnuss
- etwas Butter
- 150 g Kirschtomaten
- 2 Avocados
- 4 Weizen-Tortillas
- 120 g geriebener Mozzarella

Zubereitung

1. Für den Kräuterfrischkäse den Schnittlauch waschen und in feine Ringe schneiden, die Kresse waschen und klein hacken. Von der Bio-Zitrone die Schale abreiben und dann den Saft auspressen.
2. Schnittlauch, Kresse und Zitronensaft in den Frischkäse einrühren, mit dem Zitronenabrieb, Oregano, Salz und Pfeffer abschmecken.
3. Für das Rührei die Eier verquirlen und mit Salz, Pfeffer und Muskatnuss würzen.
4. Eine beschichtete Pfanne auf mittlere Temperatur erhitzen. Die Butter darin zerlassen und die Pfanne schwenken, damit sich die Butter gut darin verteilt. Die verquirlten Eier hineingeben und anbraten, dabei immer wieder umrühren.
5. Die Kirschtomaten halbieren. Die Avocados halbieren und die Kerne entfernen. Die Avocadohälften schälen und in feine Scheiben schneiden.
6. Die Weizen-Tortillas ausbreiten und jeweils von einer Seite bis zur Mitte einschneiden.
7. Jede Tortilla in Viertel unterteilen und jedes Viertel anders belegen: eines mit Rührei, eines mit Kräuterfrischkäse und Tomaten, eines mit geriebenem Mozzarella, eines mit Avocadoscheiben.
8. Das eingeschnittene Viertel hochklappen, dann nach rechts klappen und die Tortilla schließlich ganz zusammenklappen, bis die typische Wrap-Form erreicht ist.
9. Die Pfanne erneut erhitzen und die vier Wraps einzeln darin anbraten, bis sie von allen Seiten goldbraun sind.

Für 1 Portion

- 1 Knoblauchzehe
- 1 Chilischote
- 1 Frühlingszwiebel
- 1 TL Salz
- 100 g Udon-Nudeln
- ½ TL Chiliflocken
- ½ TL Pfeffer
- 1 EL Sojasauce
- 30 ml Sesamöl

Zubereitung

1. 1 l Wasser mit dem Salz zum Kochen bringen und die Udon-Nudeln nach Packungsanweisung kochen.
2. Die Knoblauchzehe sehr klein schneiden, die Chilischote fein hacken, die Frühlingszwiebel in dünne Ringe schneiden.
3. In einer hitzebeständigen großen Schüssel Knoblauch, Chili und Frühlingszwiebeln mit den Chiliflocken, dem Pfeffer und der Sojasauce vermischen.
4. Das Sesamöl in einem kleinen Topf erhitzen und zu den Gewürzen geben. Kurz ziehen lassen.
5. Die Nudeln abgießen, zum Gewürzöl geben und alles gut durchmischen.

CHILI OIL NOODLES

Die asiatisch inspirierte, scharfe Version des italienischen Klassikers Pasta Aglio e Olio hat auf TikTok wochenlang getrendet, weil sie einfach unverschämt lecker ist. Und schnell fertig sind die Nudeln auch noch – das ist ganz nach unserem Geschmack!

PINK PASTA

Bei diesem Rezept scheiden sich unsere Geister: Während Fabi die pinke Pasta liebt – sie ist seiner Ansicht nach einfach superlecker, erfrischend und perfekt für den Sommer –, findet Phil sie gerade mal mittelmäßig. Seid ihr #TeamFabi oder #TeamPhil?

Freunde!

Für 4 Portionen

- 2 Knollen Rote Bete, gekocht
- 3 Knoblauchzehen
- 300 g Feta
- Kräutersalz
- Pfeffer
- 30 ml Olivenöl
- 1 Bio-Zitrone
- 3 TL Salz
- 500 g kurze Nudeln, z. B. Penne

Zubereitung

1. Den Backofen auf 200 °C Umluft (220 °C Ober-/Unterhitze) vorheizen.
2. Die Rote Bete halbieren.
3. Vom Feta ein kleines Stück abschneiden und beiseitestellen. Den Rest in der Mitte einer Auflaufform legen, die Rote-Bete-Hälften daneben platzieren und die Knoblauchzehen draufgeben. Das Olivenöl darüber verteilen und alles mit Kräutersalz und Pfeffer würzen.
4. Die Auflaufform 35–40 Minuten im heißen Ofen backen.
5. 3 l Wasser mit dem Salz zum Kochen bringen und die Nudeln nach Packungsanweisung kochen. Abgießen und etwa 50 ml des Kochwassers auffangen.
6. Von der Bio-Zitrone etwas Schale abreiben und die Zitrone auspressen.
7. Die Form aus dem Ofen nehmen und den Inhalt mit dem Nudelwasser und dem Zitronensaft in einem Mixer cremig pürieren.
8. Die Sauce über die Nudeln geben, mit Zitronenabrieb bestreuen und den übrigen Feta darüber verteilen.

Für 4 Portionen

- 3 TL Salz
- 500 g Nudeln, z. B. Conchiglioni
- Schnittlauch
- 50 g Butter
- 50 g Mehl
- 400 ml Milch
- Pfeffer
- Paprikapulver, edelsüß
- Muskatnuss
- 100 g geriebener Mozzarella

Zubereitung

1. 3 l Wasser mit dem Salz zum Kochen bringen, die Nudeln nach Packungsanweisung kochen. Beim Abgießen etwa 50 ml des Kochwassers auffangen.
2. Den Schnittlauch in feine Röllchen schneiden.
3. Für die Sauce die Butter in einer Pfanne bei mittlerer Temperatur schmelzen, das Mehl dazugeben und mit einem Schneebesen verrühren.
4. Unter kräftigem Rühren die Milch und das Kochwasser dazugeben, die Sauce mit den Gewürzen abschmecken und vom Herd nehmen.
5. Den geriebenen Mozzarella in die Sauce einrühren, bis er ganz geschmolzen ist, die Nudeln dazugeben und alles gut vermischen. Mit Schnittlauch bestreut servieren.

BLITZ-PASTA

Kohldampf und nichts Essbares zur Hand? Diese Nudeln sind in nicht mal 10 Minuten fertig und machen kaum Geschirr schmutzig – worauf wartet ihr?!

Für 2 Portionen

- 2 TL Salz
- 250 g Nudeln
- 1 Zwiebel
- 2 Knoblauchzehen
- 1 EL Öl
- 2 EL Tomatenmark
- 200 g Sahne
- 100 g geriebener Mozzarella
- Pfeffer
- Paprikapulver

Zubereitung

1. 2 l Wasser mit dem Salz zum Kochen bringen und die Nudeln nach Packungsanweisung kochen.
2. Die Zwiebel und den Knoblauch schälen und fein würfeln.
3. Das Öl in einer Pfanne auf mittlere Temperatur erhitzen, Zwiebel und Knoblauch darin andünsten.
4. Das Tomatenmark, die Sahne und die fertigen Nudeln hinzugeben, dann den Mozzarella drüberstreuen. So lange weiter köcheln lassen, bis der Käse vollständig geschmolzen ist, dabei immer wieder umrühren. Mit den Gewürzen abschmecken.

Zubereitung

1. Den Backofen auf 180 °C Umluft (200 °C Ober-/Unterhitze) vorheizen.
2. 3 l Wasser mit dem Salz zum Kochen bringen, die Maccheroni nach Packungsanweisung kochen. Beim Abgießen etwa 50 ml des Kochwassers auffangen.
3. Die Butter in einer ofenfesten Pfanne schmelzen, das Mehl darüberstreuen und mit einem Schneebesen unterrühren. Kräftig weiterrühren und nach und nach die Milch hinzugeben.
4. Dann die Gewürze, den Senf, die Hälfte des Cheddar sowie das Kochwasser einrühren.
5. Die gekochten Nudeln in die Sauce geben, gut vermischen und mit dem restlichen Cheddar bestreuen.
6. Die Pfanne für 20 Minuten in den heißen Ofen geben, bis die Nudeln goldgelb überbacken sind.

... und genießen!

Für 4 Portionen

- 3 TL Salz
- 400 g Maccheroni
- 30 g Butter
- 30 g Mehl
- 500 ml Milch
- Muskatnuss
- Kräutersalz
- Paprikapulver
- 1 TL mittelscharfer Senf
- 350 g geriebener Cheddar

MAC 'N CHEESE

Der US-Klassiker überzeugt gleich dreifach: Er ist unglaublich cremig, super simpel und auch noch extrem würzig – 3 x Daumen hoch! Auf die gerne dazu kombinierten Semmelbrösel verzichten wir übrigens, ist ja ohne viel gesünder ;)

PASTA AL LIMONE

Diese 15-Minuten-Version der Zitronenpasta ist zwar nicht exakt der italienische Klassiker, schmeckt aber trotzdem unglaublich aromatisch! Das Geheimnis hinter diesem unwiderstehlichen Geschmackserlebnis liegt übrigens im stärkehaltigen Nudelwasser, das wir ganz clever in die Sauce statt in den Abfluss geben.

Für 4 Portionen

- 3 TL + etwas Salz
- 125 g Parmesan
- 3 Bio-Zitronen
- 500 g Tagliatelle
- 60 g Butter
- 3 El Olivenöl
- Pfeffer

Zubereitung

1. 3 l Wasser mit 3 TL Salz zum Kochen bringen. In der Zwischenzeit den Parmesan fein reiben. Von den Bio-Zitronen die Schale abreiben und dann den Saft auspressen.
2. Die Tagliatelle nach Packungsanweisung kochen, dann abgießen und etwa 50 ml des Kochwassers auffangen.
3. Die gekochten Nudeln zurück in den Topf geben und sofort die Butter, das Olivenöl, den Zitronensaft, den Parmesan und das Kochwasser dazugeben.
4. Alles kräftig verrühren und mit Salz, Pfeffer und dem Zitronenabrieb abschmecken.

Zubereitung

1. Den Backofen auf 200 °C Umluft (220 °C Ober-/Unterhitze) vorheizen.
2. Die Knoblauchzehen in eine Auflaufform pressen, die Kirschtomaten im Ganzen hineingeben.
3. Den Feta in die Mitte auf die Tomaten legen und das Olivenöl darüber verteilen. Alles mit etwas Salz und Pfeffer würzen.
4. Die Auflaufform 35–40 Minuten im heißen Ofen backen.
5. 3 l Wasser mit 3 TL Salz zum Kochen bringen und die Nudeln nach Packungsanweisung kochen.
6. Die Auflaufform aus dem Ofen nehmen und den Feta mit den Tomaten vermischen. Die Nudeln hinzugeben und nochmals kräftig durchrühren.
7. Nach Belieben mit klein gezupften Basilikumblättern bestreuen und servieren.

Für 4 Portionen

- 2 Knoblauchzehen
- 200 g Kirschtomaten
- 300 g Feta
- 30 ml Olivenöl
- 3 TL + etwas Salz
- Pfeffer
- 400 g Nudeln, z. B. Farfalle
- Basilikum (optional)

BAKED FETA PASTA

Noch so ein TikTok-Trend, der monatelang um die Welt ging! Und einer unserer absoluten Pasta-Favorites, seit wir ihn selbst ausprobiert haben.

KÄÄÄÄSE-PASTA

Wie ihr sicher bemerkt habt, geht bei uns ohne Käse nur wenig. Und immer wenn wir besonders groooßen Käse-Hunger haben, machen wir uns dieses geniale Rezept – blitzschnell fertig und einfach nicht zu toppen!

ROASTED VEGETABLE PASTA

Hätte uns jemand früher verraten, dass man mit ein wenig kleingeschnittenem Gemüse eine so einfache und leckere Pasta zaubern kann, würden wir uns viel länger schon (fast) nur noch davon ernähren! Der cremige Burrata ist nur noch die Krönung dieser wohl besten aller besten Pasta-Varianten.

Zubereitung

1. Den Backofen auf 200 °C Umluft (220 °C Ober-/Unterhitze) vorheizen.
2. Die Zwiebeln, die Zucchini, die Tomaten, die Karotten und die gelbe Paprika schälen bzw. waschen und in grobe Stücke schneiden. Die Knoblauchknolle quer halbieren und mit dem Gemüse auf ein mit Backpapier ausgelegtes Backblech geben.
3. Das Olivenöl darüber verteilen und mit etwas Salz und Pfeffer würzen, dann 30 Minuten im heißen Ofen backen.
4. 3 l Wasser mit 3 TL Salz zum Kochen bringen und die Nudeln nach Packungsanweisung kochen. Beim Abgießen etwa 50 ml des Kochwassers auffangen und die Nudeln zurück in den Topf geben.
5. Das Ofengemüse aus dem Ofen nehmen, die gegarten Knoblauchzehen aus der Knolle herausdrücken. Alles zusammen mit dem Kochwasser, der Sahne und dem Parmesan in einen Mixer geben und für mindestens 30 Sekunden auf höchster Stufe pürieren.
6. Die Sauce zu den Nudeln geben und alles gut vermischen. Die Pasta auf vier Teller verteilen und mit dem Burrata toppen.

Für 4 Portionen

- 2 Zwiebeln
- 1 Zucchini
- 3 große Tomaten
- 2 Karotten
- 1 gelbe Paprika
- 1 Knoblauchknolle
- 30 ml Olivenöl
- 3 TL + etwas Salz
- Pfeffer
- 500 g Nudeln
- 100 ml Sahne
- 100 g Parmesan
- 1 Kugel Burrata

SMILE!

DESSERTS & SÜSSE SNACKS

Zubereitung

1. Die Mandarine schälen und in Schnitze teilen. Die Erdbeeren und Trauben waschen. Alle Früchte gut abtrocknen, so hält der Zucker besser.
2. Die Schaschlikspieße nach Belieben mit dem Obst bestücken.
3. In einem Topf 100 ml Wasser mit dem Zucker verrühren und bei mittlerer Hitze langsam zum Kochen bringen. Dabei keinesfalls rühren, da sich sonst Zuckerkristalle bilden können!
4. In der Zwischenzeit eine Schüssel mit Wassern und Eiswürfeln bereitstellen.
5. Sobald die Zuckermasse 150 °C erreicht hat – sie beginnt dann, dickflüssig zu werden –, einen leeren „Probespieß“ erst ein kleines Stück in das Zuckerwasser und danach sofort ins Eiswasser tauchen. Wenn der Zuckertropfen am Ende des Spießes vollkommen fest ist, kann man den Herd ausmachen und den ersten Früchtespieß in das Zuckerwasser und danach sofort ins Eiswasser tauchen. Alle Spieße auf diese Weise mit Zucker überziehen.

Für 6–8 Spieße

- 1 Mandarine
- 6 Erdbeeren
- 7–9 Schaschlikspieße
- 12 Trauben
- 200 g Zucker
- Eiswürfel

TANGHULU

Die chinesische Variante von Obstspießen, wie wir sie beispielsweise vom Oktoberfest kennen, ist nicht nur super variabel – jeder kann einfach seine Lieblingsfrüchte dafür verwenden –, sondern auch noch total fotogen. Was haltet ihr von einer „Obst-Aufräumen"-Challenge?

GEBRANNTE MANDELN

Denkt ihr bei solchen perfekt knusprigen gebrannten Mandeln auch immer gleich an das Oktoberfest? Wir schon! Mit diesem super einfachen Rezept zaubern wir uns in gerade mal zehn Minuten ohne Aufwand die perfekte Volksfeststimmung für zu Hause.

Für 1 Tüte

- 200 g Mandeln
- 5 EL Zucker
- 2 TL Zimt

Zubereitung

1. Die Mandeln in einer mikrowellengeeigneten Schüssel mit dem Zucker, 2 EL Wasser und dem Zimt vermischen und für 2 Minuten bei 700 W in der Mikrowelle erhitzen.
2. Die Mandelmasse gut durchrühren und nochmals 2 Minuten bei 700 W in die Mikrowelle geben.
3. Die heißen Mandeln sofort auf einem Backblech ausbreiten, damit sie nicht zusammenkleben, und vollständig auskühlen lassen.

COOKIE DOUGH ZUM NASCHEN

Aus den USA ist dieser Trend zu uns geschwappt: Warum soll man warten, bis die Kekse aus dem Ofen kommen, wenn man den super leckeren Teig bedenkenlos auch so essen kann?! Zeitersparnis bei höchstem Genuss – genau unser Ding!

Zubereitung

1. Den Backofen auf 180 °C Umluft (200 °C Ober-/Unterhitze) vorheizen und das Mehl in einer ofenfesten Form mindestens 20 Minuten darin erhitzen; anschließend abkühlen lassen. Das macht man, weil das Mehl mit Keimen belastet sein kann, die wir natürlich nicht essen wollen.
2. Den gesamten Zucker, das Salz und die Butter in eine Schüssel geben und mit dem Handrührgerät schaumig rühren.
3. Die Milch unterrühren und erst anschließend das hitzebehandelte Mehl einarbeiten.
4. Zuletzt die Chocolate Chips in den Teig kneten und den Teig sofort roh genießen.

Für 3 Portionen

- 250 g Mehl
- 100 g weißer Zucker
- 70 g brauner Zucker
- 1 Prise Salz
- 200 g Butter, weich
- 30 ml Milch
- 100 g Chocolate Chips

Für 2 Portionen

- 6 Scheiben Toast
- 45 g Nuss-Nugat-Creme
- 1 Ei
- 50 ml Milch
- 1 TL Zimt
- etwas Butter

Zubereitung

1. Toastscheiben mit der Nuss-Nugat-Creme bestreichen, jeweils eine weitere Toastscheibe drauflegen und die Sandwiches halbieren.
2. Auf einem flachen Teller das Ei mit der Milch und dem Zimt verquirlen.
3. In einer beschichteten Pfanne etwas Butter zerlassen und die Pfanne gut schwenken, damit sich die Butter gut verteilt.
4. Die Sandwiches einzeln in der Eimischung wenden und jeweils sofort in der Pfanne anbraten. Sobald eine Seite goldbraun gebraten ist, kann das Sandwich gewendet werden.
5. Auf diese Weise alle Sandwichhälften anbraten.

CHOCOLATE FRENCH TOAST STICKS

Zimtig, schokoladig, und man braucht nur sechs Zutaten und circa 15 Minuten Zeit – ist das nicht absolut genial?!

Für 2 Portionen

- 150 g Cookies 'n Cream-Kekse
- 1 EL Milch
- 30 g Kondensmilch

Zubereitung

1. Die Cookies „zerlegen", die Cremefüllung mit einem Messer abnehmen und alles in zwei verschiedenen Schüsseln getrennt voneinander sammeln.
2. Die Kekse in einem Mixer oder mit einem Nudelholz grob pürieren bzw. zerbröseln und die Brösel mit der Milch zu einem Teig verkneten.
3. Den Teig in einen 1-Liter-Gefrierbeutel geben, diesen verschließen und den Teig mit einem Nudelholz ausrollen.
4. Die Kondensmilch zur Cremefüllung geben und vermischen.
5. Den Gefrierbeutel mit einer Schere aufschneiden und den Teig mit der Cremefüllung bestreichen.
6. Den Teig einrollen und für 30 Minuten in den Kühlschrank stellen.
7. Die gekühlte Teigrolle in ca. 1 cm breite Sushi-Stücke schneiden.

COOKIES 'N CREAM SUSHI

Sushi ist ein Dauerbrenner unter den Foodtrends, weil man es in so vielen Varianten umsetzen kann. Mit dieser 3-Zutaten-Idee gibt's endlich auch eine für die Sweetaholics unter uns!

VEGANES SCHOKO-EIS

Dieses Eis ist an sich schon genial, weil es super cremig ist und dabei vegan. Als Highlight könnt ihr auch noch einen Schuss Kaffee dazugeben, dann schmeckt die Schokolade noch intensiver.

Für 4 Portionen

- 40 g Kakaopulver
- 100 g Zucker
- 1 Prise Salz
- 10 g Speisestärke
- 150 g dunkle Schokolade

Zubereitung

1. Den Kakao, den Zucker, das Salz und die Speisestärke mit 325 ml Wasser in eine Pfanne geben und alles unter Rühren erwärmen, bis der Zucker geschmolzen ist.
2. Die Schokolade in Stücke brechen, dazugeben und weiterrühren, bis sie geschmolzen ist.
3. Die Schokomasse in eine Schüssel füllen und für mindestens 2 Stunden in den Gefrierschrank stellen.
4. Die angefrorene Schokomasse in einen Mixer geben und gut durchmixen, dann erneut für mindestens 30 Minuten in den Gefrierschrank stellen.

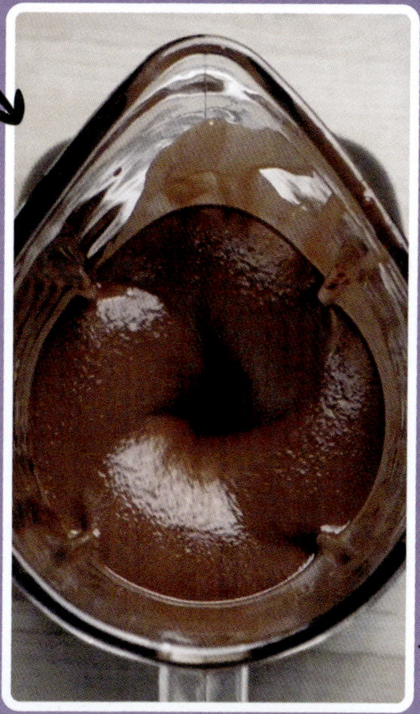

Zubereitung

1. Das Vanilleeis antauen lassen.
2. Die weiße Schokolade in Stücke brechen, über einem Wasserbad schmelzen und unter ständigem Rühren unter das Vanilleeis heben.
3. Die Masse mit dem Sahnefestiger vermischen und luftig aufschlagen.
4. Die Nuss-Nugat-Creme auf die Dessertgläser verteilen, darauf jeweils eine Schicht der Vanille-Schoko-Creme geben.
5. Eine Hälfte mit Kakaopulver bestreuen und mit zwei Gebäckkugeln dekorieren.

Für 4 Bowls

- 500 g Vanilleeis
- 100 g weiße Schokolade
- 1 Pck. Sahnefestiger
- 4 EL Nuss-Nugat-Creme
- Kakaopulver
- 8 Nuss-Gebäckkugeln

VANILLA CHOCOLATE DESSERT BOWL

Erinnert ihr euch an bestimmte Süßigkeiten aus eurer Kindheit besonders gerne zurück? Welche uns hier inspiriert hat, lassen wir offen, aber wir sind sicher, ihr kennt sie alle! Heute zaubern wir sie uns einfach selbst, aus nur sechs Zutaten und als lässige Dessert Bowl!

Für 6 Portionen

- 300 ml Kaffee
- 250 g Sahne
- 100 g Puderzucker
- 500 g Mascarpone
- 500 g Erdbeeren
- 200 ml Milch
- 3 EL Amaretto (aber nur, wenn es eure Eltern erlauben!)
- 200 g Löffelbiskuits
- Kakaopulver

Zubereitung

1. Den Kaffee kochen und erkalten lassen.
2. Für die Creme die Sahne zusammen mit dem Puderzucker steif schlagen, dann den Mascarpone zugeben und alles gut verrühren.
3. Die Erdbeeren vorsichtig waschen und kleinschneiden.
4. In einer Schüssel den Kaffee mit der Milch und ggf. dem Amaretto vermischen und die Löffelbiskuits einzeln darin tränken.
5. Mit etwa der Hälfte der getränkten Löffelbiskuits eine Auflaufform (20 cm x 30 cm) auslegen. Die Hälfte der Mascarponecreme darauf verteilen und die Hälfte der Erdbeeren draufgeben.
6. Darüber eine zweite Schicht Löffelbiskuits legen, danach aber zuerst die Erdbeeren darauf verteilen: Den Abschluss bildet die zweite Schicht Mascarponecreme.
7. Das Tiramisu für mindestens 1 Stunde in den Kühlschrank stellen.
8. Erst kurz vor dem Servieren mit Kakaopulver bestreuen.

ERDBEER-TIRAMISU

Tiramisu ist an sich schon lecker, aber zusammen mit Erdbeeren wird es noch besser. Sorry, aber da kann das Original echt in Italien bleiben!

REGENBOGEN-CREPE-KUCHEN

In einem der schönsten Cafés in unserer Heimatstadt München wird diese Torte jeden Morgen frisch zubereitet. Als wir zuletzt dort waren, war der Cake allerdings ausverkauft. Also haben wir uns selbst einen gemacht, und siehe da, er schmeckte nicht nur fantastisch, er sah auch so aus!

Für 1 Kuchen

- 6 Eier
- 150 g Zucker
- 1 Pck. Vanillezucker
- 1 Prise Salz
- 100 g Butter
- 400 g Mehl
- 850 ml Milch
- Lebensmittelfarbe in Lila, Türkis, Grün, Gelb, Orange
- etwas Butter
- 250 g Sahne
- 100 g Puderzucker
- 3 EL Vanilleextrakt
- 700 g Schmand

Zubereitung

1. Für den Teig die Eier zusammen mit dem Zucker, dem Vanillezucker und dem Salz schaumig schlagen.
2. Die Butter, das Mehl und die Milch dazugeben und alles zu einem glatten Teig verrühren.
3. Den Teig in 6 Portionen aufteilen, jede Portion mit der Lebensmittelfarbe anders einfärben und alle Schüsseln für 15 Minuten in den Kühlschrank stellen.
4. In einer beschichteten Pfanne etwas Butter zerlassen und die Pfanne schwenken, damit sich die Butter gut darin verteilt.
5. Mit einer Schöpfkelle die erste Portion Teig, zum Beispiel von dem türkisfarbenen Teig, in der Pfanne verteilen und die Pfanne erneut schwenken, sodass der gesamte Pfannenboden bedeckt ist. Auf diese Weise nacheinander pro Farbe drei bis vier Pfannkuchen ausbacken.
6. Für die Creme die Sahne mit dem Puderzucker und dem Vanilleextrakt aufschlagen und den Schmand unterheben.
7. Zuletzt immer abwechselnd Pfannkuchen und dünne Schichten der Creme zu einer Torte aufeinanderstapeln.

Love

KUCHEN, KEKSE & CO.

SCHOKOHOLIC-TASSENKUCHEN

Tassenrezepte, ob für Kuchen oder für Pizza, Pasta & Co., erfreuen sich auf TikTok großer Beliebtheit – klar, die sind ja auch sooo schnell und easy gemacht! Diese Schokoholic-Variante ist einer unser Favorites, eine weitere Version gibt's auf der nächsten Seite.

Für 1 Tasse

- 2 EL Mehl
- 3 EL + etwas Nuss-Nugat-Creme
- 1 Ei
- 1 Prise Salz

Zubereitung

1. Das Mehl mit 3 EL Nuss-Nugat-Creme, dem Ei und dem Salz in eine mikrowellengeeignete Tasse geben und kräftig umrühren, bis ein glatter Teig entsteht.
2. Die Tasse bei 700 Watt für 1 Minute in die Mikrowelle stellen.
3. Den fertigen Tassenkuchen mit etwas Nuss-Nugat-Creme „glasieren".

DOUBLE CHOC-TASSENKUCHEN

Schon wieder ein Tassenrezept?! JA! Tassenrezepte gibt es auf TikTok nun mal wie Sand am Meer, also auch bei uns. Aber wir versprechen: Dieses ist so super lecker (und so schnell gemacht), dass ihr garantiert wie wir nicht genug davon bekommt!

Zubereitung

1. Den Backofen auf 180 °C Umluft (200 °C Ober-/Unterhitze) vorheizen.
2. Die Butter zusammen mit dem gesamten Zucker schaumig schlagen.
3. Das Ei und das Mehl unterrühren.
4. Die Schokoriegel in Stücke schneiden oder brechen und zusammen mit den Chocolate Chips zum Teig geben. Alles noch einmal kräftig umrühren.
5. Den Teig auf zwei Tassen oder ofenfeste Förmchen verteilen und für 30 Minuten backen.

Für 2 Tassen

- 50 g Butter, weich
- 30 g weißer Zucker
- 30 g brauner Zucker
- 1 Ei
- 70 g Mehl
- 2 Schokoriegel, z. B. Vollmilchschokolade mit Milchfüllung
- 30 g Chocolate Chips

Für 1 Form, ø 26 cm

- 150 g Zartbitterschokolade
- 125 g Butter
- 4 Eier
- 100 g Zucker
- 170 g Mehl
- 1 Prise Salz
- 12 gefüllte Keks-Schokoriegel, zum Beispiel mit Milch-Haselnuss-Cremefüllung

Zubereitung

1. Den Backofen auf 180 °C Umluft (200 °C Ober-/Unterhitze) vorheizen.
2. Die Schokolade in Stücke brechen und zusammen mit der Butter im Wasserbad unter ständigem Rühren schmelzen. Dann etwas abkühlen lassen.
3. Die Eier und den Zucker dazugeben und gut verrühren.
4. Das Mehl und das Salz dazugeben und ebenfalls gut einrühren.
5. Die Hälfte des Teigs in eine Springform (Ø 26 cm oder 23 cm x 23 cm) füllen. Die Schokoriegel darauf verteilen, dann den Rest des Teiges darüber geben und glattstreichen.
6. Den Kuchen für 30 Minuten backen, auskühlen lassen und in Quadrate schneiden.

HASELNUSS-BROWNIES

Ein weicher, schokoladiger Teig trifft auf zartschmelzende Haselnusscreme... Ein traumhafter Genuss! – Ihr merkt schon, wir können auch romantisch...!

... UND ★ GENIEẞEN!

Für 1 Form, ø 15 cm

- 90 g Butter
- 150 g Mehl
- 100 g Zucker
- 60 g Kakao
- 2 TL Backpulver
- 100 g Zartbitterschokolade
- 100 g Sahne

Zubereitung

1. Einen Topf auf niedrige Temperatur erhitzen und die Butter darin schmelzen.
2. Das Mehl mit dem Zucker, dem Kakao, dem Backpulver und 380 ml warmem Wasser in einer Rührschüssel vermengen, die geschmolzene Butter dazugeben und mit einem Schneebesen gut verrühren.
3. Eine Backform mit Backpapier auslegen und die Masse einfüllen.
4. Den Kuchen für 5–6 Minuten bei 700 W in der Mikrowelle „backen“.
5. Für die Ganache die Zartbitterschokolade mit der Sahne im Wasserbad unter ständigem Rühren schmelzen.
6. Den fertigen Kuchen mit der Ganache bestreichen.

10-MINUTEN SCHOKOKUCHEN

Wenn man plötzlich Lust auf einen Schokokuchen bekommt, hat man keinen Bock, erst noch ewig in der Küche zu stehen! Zum Glück bringen uns schon 10 Minuten dem Objekt der Begierde ganz nah …

Zubereitung

1. Den Backofen auf 180 °C Umluft (200 °C Ober-/Unterhitze) vorheizen.
2. Für den Teig den Zucker mit der weichen Butter schaumig schlagen und dann das Ei, das Mehl, die Milch, das Backpulver und das Salz unterrühren.
3. Den Teig auf die sechs Mulden einer Silikon-Donut-Backform verteilen und für 15 Minuten backen.
4. In der Zwischenzeit aus dem Puderzucker und dem Zitronensaft einen Zuckerguss anrühren und die Schokolinsen in eine nicht zu tiefe Schüssel geben.
5. Die noch warmen Donuts mit einer Seite erst in den Zuckerguss tauchen und dann in die Schokolinsen drücken.

Für 6 Donuts

- 40 g Zucker
- 40 g Butter, weich
- 1 Ei
- 120 g Mehl
- 80 ml Milch
- 1 TL Backpulver
- 1 Prise Salz
- 150 g Puderzucker
- 15 ml Zitronensaft
- 150 g bunte Schokolinsen

EASY-PEASY DONUTS

Die amerikanischen Leckerbissen, traditionell aus Hefeteig gemacht, sind nicht nur unglaublich lecker, sondern auch echte Hingucker. Unsere schnelle Variante funktioniert ohne Hefeteig und ohne Frittieren – nur beim Geschmack gibt's keinen Unterschied zum Original!

SCHOKO-ERDBEER-COOKIES

Dass Erdbeeren ein großes Thema bei uns sind, wisst ihr schon. Und was könnte es noch größer machen? Na klar, die Kombination mit Schokolade! Die Form ist uns dann fast egal, aber Kekse gehen natürlich ohnehin immer!

Für 8 Cookies

- 100 g Butter, weich
- 140 g Zucker
- 1 Ei
- 1 Prise Salz
- 200 g Mehl
- 1 TL Backpulver
- 6 Schoko-Erdbeer-Riegel
- 150 g Schokocreme, z. B. Weiße Schokolade mit Erdbeeren
- 100 g Schokolade

Zubereitung

1. Für den Teig die weiche Butter, den Zucker, das Ei und das Salz mit einem Handrührer oder Schneebesen schaumig schlagen.
2. Das Mehl mit dem Backpulver vermischen, dazugeben und alles zu einem glatten Teig verkneten.
3. Zwei Schokoriegel in kleine Stücke brechen und einarbeiten. Den Teig für etwa 1 Stunde in den Kühlschrank stellen.
4. Den Backofen auf 165 °C Umluft (180 °C Ober-/Unterhitze) vorheizen.
5. Mit einem großen Löffel aus dem kalten Teig acht Teiglinge machen und diese mit den Händen rund formen. Die Kugeln mit ausreichend Abstand auf ein mit Backpapier ausgelegtes Backblech legen und plattdrücken, sodass sie nur noch etwa 1 cm hoch sind.
6. Für 15 Minuten auf der mittleren Schiene goldbraun backen, dann herausnehmen und auf dem Blech auskühlen lassen.
7. In der Zwischenzeit die Schokolade über einem Wasserbad schmelzen.
8. Ein Backpapier auf der Arbeitsfläche auslegen und aus der geschmolzenen Schokolade acht Kreise darauf verteilen, sodass nach dem Auskühlen acht Schokoplättchen vorhanden sind.
9. Zuletzt die ausgekühlten Cookies mit der Schokocreme bestreichen und jedes mit einem Schokoplättchen belegen sowie mit einem halben Schokoriegel dekorieren.

Fabian ist sich nicht ganz sicher, ob er den Teig lieber mag oder die fertigen Cookies... Wofür votet ihr?

Für ca. 15 Cookies

- 110 g Butter
- 50 g Zucker
- 160 g Mehl
- 1 Prise Salz
- 80 g bunte Schokolinsen

Zubereitung

1. Den Backofen auf 180 °C Umluft (200 °C Ober-/Unterhitze) vorheizen.
2. Die Butter mit dem Zucker, dem Mehl und dem Salz in eine Schüssel geben und mit den Händen zu Streuseln verkneten.
3. Vorsichtig die Schokolinsen in den Teig einarbeiten.
4. Den Teig esslöffelweise auf ein mit Backpapier ausgelegtes Backblech geben und ein wenig plattdrücken. Auf ausreichend Abstand zwischen den Cookies achten.
5. Die Cookies in 15 Minuten goldbraun backen.

BUNTESTE COOKIES

Zubereitung

1. Das Mehl mit 150 g Nuss-Nugat-Creme und der Milch zu einem Teig verrühren.
2. Aus dem Teig acht gleichgroße Kugeln formen und diese auf einen Teller legen.
3. Mit dem Daumen jeweils eine Mulde in die Kugeln drücken und die Mulden mit der restlichen Nuss-Nugat-Creme füllen.
4. Den Teller mit den Keksen für 1:30 Minuten bei 700 W in die Mikrowelle stellen. Ihr könnt die Cookies auch im Backofen backen, dann solltet ihr aber am besten statt der Milch 1 Ei verwenden.

Für 8 Cookies

- 90 g Mehl
- 200 g Nuss-Nugat-Creme
- 2 EL Milch

unglaublich LECKER!

NOTFALL-SCHOKO-COOKIES

Bock auf einen Snack, aber außer Nuss-Nugat-Creme, Milch und Mehl ist nichts im Haus? Reicht doch dicke! Zumindest für diese leckeren Cookies. Blitzschnell gemacht sind sie auch noch.

CHOCOLATE CHIP COOKIES

Viele Chocolate Chip Cookies könnten auch Chocolate Chip TikTokies heißen – man findet dort einfach unfassbar viele Rezepte dafür! Dieses Rezept hat uns mit seinem Ergebnis am allermeisten überzeugt – probiert selbst!

Für 10 Cookies

- 110 g Butter
- 80 g brauner Zucker
- 80 g weißer Zucker
- 1 Ei
- 160 g Mehl
- 1 TL Backpulver
- 1 Prise Salz
- 150 g Chocolate Chunks

Zubereitung

1. Den Backofen auf 190 °C Umluft (210 °C Ober-/Unterhitze) vorheizen.
2. Die Butter in einen Topf geben und bei mittlerer Temperatur zu einer Nussbutter schmelzen, also solange, bis sich braune Partikel bilden. Dann vom Herd nehmen.
3. Den gesamten Zucker zusammen mit der Nussbutter in einer Schüssel schaumig schlagen.
4. Das Ei mit dem Mehl, dem Backpulver, dem Salz und den Chocolate Chunks zur Butter-Zucker-Mischung geben und zu einem Teig verkneten.
5. Den Teig für 30 Minuten in den Kühlschrank stellen.
6. Aus dem Teig zehn Kugeln (Ø ca. 5 cm) formen und mit ausreichend Abstand auf einem mit Backpapier ausgelegten Backblech verteilen.
7. Die Cookies für 12 Minuten backen.

CHURRO-BREZELN

Churros sind eine süße Sünde aus Spanien. Hier paaren wir sie mit der bekanntesten Gebäckform Deutschlands: der Brezel. Und unsere Churro-Brezeln beeindrucken nicht nur optisch, sondern sie sind auch noch unwiderstehlich lecker!

Für ca. 6 Brezeln

- 100 g Butter
- 150 g Zucker
- 1 Prise Salz
- 200 g Mehl
- 3 Eier
- 1 TL Zimt
- 1 l Speiseöl
- 100 g Zartbitter-schokolade
- 100 g Sahne

Zubereitung

1. Die Butter mit 250 ml Wasser, 50 g Zucker und dem Salz in einer Pfanne zum Kochen bringen.
2. Das Mehl hinzugeben und alles mit einem Kochlöffel kräftig vermengen, bis ein zäher, homogener Teig entsteht. Den Teig vom Herd nehmen und abkühlen lassen.
3. Die Eier unterrühren, sodass ein geschmeidiger Teig entsteht.
4. Ein Backpapier in mehrere 10 cm x 10 cm große Quadrate schneiden und auf einem großen flachen Teller den Zimt mit dem restlichen Zucker vermischen.
5. In der Pfanne das Speiseöl erhitzen. Es ist heiß genug, wenn sich viele Bläschen bilden, wenn man einen Holzkochlöffel hineinhält.
6. Den Teig in einen Spritzbeutel mit Sterntülle füllen und jeweils eine Portion in Brezelform auf ein Backpapierquadrat spritzen.
7. Die Brezel zusammen mit dem Backpapier in das heiße Öl legen.
8. Das Backpapier herausnehmen, sobald es sich von der Brezel löst, und die Churro-Brezel von beiden Seiten goldbraun frittieren. Für den restlichen Teig genauso vorgehen.
9. Die fertigen Churro-Brezeln mit etwas Küchenrolle von überschüssigem Fett befreien und sofort in der Zimt-Zucker-Mischung wenden.
10. Für die Schokosauce die Zartbitterschokolade zusammen mit der Sahne unter ständigem Rühren über einem Wasserbad schmelzen.

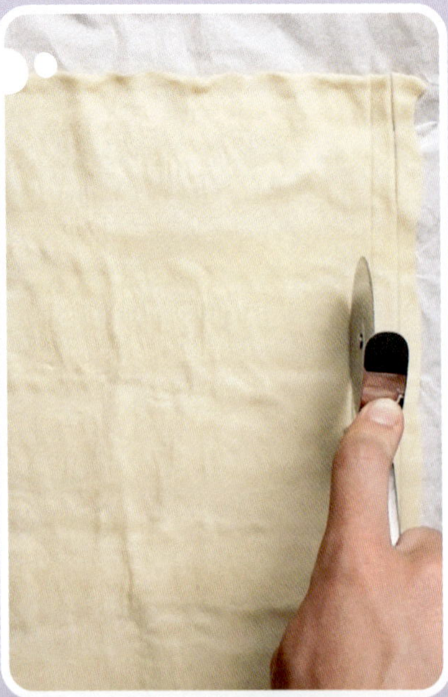

Für 2 Striezel

- 1 Pck. Hefeteig (aus dem Kühlregal)
- 50 g + etwas Butter
- 1 TL Zimt
- 100 g Zucker

Zubereitung

1. Den Backofen auf 180 °C Umluft (200 °C Ober-/Unterhitze) vorheizen.
2. Den Hefeteig ausbreiten und mit einem Messer oder einem Pizzaroller in lange, ca. 0,5 cm breite Streifen schneiden
3. 50 g Butter in einem Topf bei niedriger Temperatur schmelzen und auf einem Teller den Zimt mit dem Zucker vermischen.
4. Ein Nudelholz mit ofenfesten Griffen in Alufolie einschlagen und die Folie mit etwas Butter einfetten.
5. Das Nudelholz über eine ofenfeste Form legen und die Hefeteigstreifen dicht an dicht drumwickeln.
6. Die Teigstreifen mit der geschmolzenen Butter bestreichen und mit der Zimt-Zucker-Mischung bestreuen.
7. Den Baumstriezel für 10 Minuten backen, dann das Nudelholz wenden und den Baumstriezel nochmals für 10 Minuten backen.
8. Den Baumstriezel etwas abkühlen lassen und dann vorsichtig von der Rolle lösen.

BAUMSTRIEZEL

Dass wir Volksfestfans sind, haben wir schon erwähnt. Darum kommt hier noch so ein Wiesn-Klassiker: Baumstriezel! Mit diesem Rezept sind die wirklich kein Hexenwerk.

...UND GENIEßEN!

Für 8 Zöpfe

- 150 g Vanillejoghurt
- 1 Prise Salz
- 150 g Mehl
- 1 TL Backpulver
- 50 g Zucker
- 1 TL Zimt

Zubereitung

1. Den Backofen auf 180 °C Umluft (200 °C Ober-/Unterhitze) vorheizen.
2. Den Vanillejoghurt und das Salz in eine Schüssel geben, das Mehl und das Backpulver darüber sieben und alles zu einem glatten Teig verkneten.
3. Den Teig in acht gleichgroße Kugeln teilen und daraus auf einer bemehlten Arbeitsfläche acht Stränge (ø ca. 1 cm) rollen.
4. Jeden Strang einmal umschlagen und verdrehen, sodass eine Zopfform entsteht. Die Zöpfe auf ein mit Backpapier ausgelegtes Backblech legen und für 15 Minuten backen.
5. Den Zucker mit dem Zimt vermischen, die Zöpfe aus dem Ofen nehmen und sofort in der Zimt-Zucker-Mischung wälzen.

ZIMTZÖPFE

Diese Leckerei ist auf TikTok sowohl als Zwei- als auch als Drei-Zutaten-Version zu finden. Wir haben das Rezept etwas angepasst und verwenden noch ein paar mehr Zutaten. Trotzdem ist unser Rezept natüüüüürlich das Allerbeste und immer noch super einfach!

Für 4 Küchlein

- 3 Eier
- 100 g Zucker
- 1 Prise Salz
- 2 TL Vanilleextrakt
- 200 g Zartbitterschokolade
- 120 g Butter
- 80 g Mehl
- etwas Butter + Backkakao
- Puderzucker

Zubereitung

1. Den Backofen auf 180 °C Umluft (200 °C Ober-/Unterhitze) vorheizen.
2. Die Eier zusammen mit dem Zucker, dem Salz und dem Vanilleextrakt schaumig schlagen.
3. Die Zartbitterschokolade mit der Butter über einem Wasserbad schmelzen.
4. Die Schoko-Butter-Mischung langsam unter die Eiermischung rühren und das Mehl einrühren.
5. Vier ofenfeste Soufflé-Förmchen (ø 10 cm) mit etwas Butter einfetten und mit Kakao bestäuben, dann den Teig darauf verteilen.
6. Die Küchlein für 13 Minuten backen, danach etwas abkühlen lassen, aus ihren Förmchen stürzen und nach Belieben mit Puderzucker bestreuen.

SUPER EINFACH!

LAVA CAKE

Wir als echte Schokoholics genießen die trendigen Soufflé-Küchlein mit ihrem flüssigen Kern am liebsten noch warm und frisch direkt aus dem Ofen.

LEMON CHEESECAKE BARS

Dieser einfache Kuchen ist Philipps absoluter Lieblingskuchen! Seit er im Kindergarten war, wünscht er ihn sich jedes Jahr zum Geburtstag. Auch unsere Mama fand das immer schon toll: Man braucht keinen Tortenboden zu backen!

Für 1 Kuchen

- 200 g Löffelbiskuits
- 125 g Butter
- 1 Pck. Zitronengötterspeise
- 100 g Zucker
- 300 ml Sahne
- 300 g Frischkäse

Zubereitung

1. Für den Boden die Löffelbiskuits in einem Mixer oder mithilfe eines Nudelholzes grob pürieren bzw. zerbröseln, bis sie eine mehlige Konsistenz haben.
2. Die Butter in einem Topf auf dem Herd schmelzen, die zerkleinerten Löffelbiskuits dazugeben und alles sehr gut vermischen.
3. Die Mischung in eine mit Backpapier ausgelegte Springform (ø 26 cm oder 23 cm x 23 cm) geben und festdrücken, sodass ein Tortenboden entsteht.
4. Für die Creme die Zitronengötterspeise in einem Topf mit 200 ml Wasser (Achtung, auf der Packung ist eine andere Wassermenge angegeben!) anrühren, den Zucker zugeben und erwärmen, bis sich der Zucker aufgelöst hat. Den Topf vom Herd nehmen und auf Zimmertemperatur abkühlen lassen.
5. Die Sahne steif schlagen.
6. Den Frischkäse in eine Schüssel geben, die abgekühlte Götterspeise unterrühren und die geschlagene Sahne unterheben.
7. Die Creme auf den Boden in der Springform geben und die Form für mindestens 2 Stunden in den Kühlschrank stellen. Dann den Kuchen aus der Springform nehmen und in Quadrate schneiden.

Für 1 Form, ø 28 cm

- 200 g Butterkekse
- 100 g Butter
- 600 g Frischkäse
- 200 g Schmand
- 200 g Sahne
- 150 g Zucker
- 2 Eier
- 2 EL Mehl
- 1 Bio-Zitrone
- 2 EL Vanilleextrakt
- Nuss-Nugat-Creme

Zubereitung

1. Den Backofen auf 180 °C Umluft (200 °C Ober-/Unterhitze) vorheizen.
2. Für den Boden die Butterkekse in einem Mixer oder mithilfe eines Nudelholzes grob pürieren bzw. zerbröseln, bis sie eine mehlige Konsistenz haben.
3. Die Butter in einem Topf auf dem Herd schmelzen und mit den zerkleinerten Butterkeksen gut vermischen.
4. Eine auslaufsichere Springform (ø 29 cm) mit Backpapier auskleiden, die Keksmischung hineingeben und festdrücken, sodass ein Boden entsteht.
5. Für die Creme den Frischkäse mit dem Schmand, der Sahne, dem Zucker, den Eiern und dem Mehl vorsichtig zu einer glatten Masse verrühren. Von der Bio-Zitrone 1 EL Schale abreiben und diesen zusammen mit dem Vanilleextrakt ebenfalls einrühren.
6. Die Masse in die Springform geben und für 1 Stunde auf mittlerer Schiene backen. Damit der Kuchen an der Oberfläche nicht einreißt, eine weitere Auflaufform zur Hälfte mit Wasser füllen und ganz unten mit in den Ofen stellen.
7. Während der fertige Kuchen abkühlt, etwas Nuss-Nugat-Creme erwärmen, bis sie flüssig ist. Die Kuchenstücke zum Servieren damit dekorieren.

NEW YORK CHEESECAKE

Wir waren (noch) niemals in New York... Diesen amerikanischen Klassiker lieben wir dennoch genauso wie die TikTok-Community, und zwar für seinen festen, crunchy Boden und seine kompakte, super cremige Füllung.

Zubereitung

1. Den Käsekuchen in 12 Stücke schneiden, jedes Stück auf ein Holzstäbchen spießen und für mindestens 1 Stunde in den Gefrierschrank stellen: Der Kuchen muss kalt werden, damit die Schokolade später schnell fest wird.
2. In einem großen Topf etwas Wasser auf ca. 60 °C erhitzen. Die Schokolade in kleine Stücke brechen und in eine Metall- oder Glasschüssel geben. Den Topf vom Herd nehmen und die Schüssel mit der Schokolade vorsichtig in das heiße Wasser stellen. Bei so einem Wasserbad darf auf keinen Fall Wasser in die Schüssel laufen!
3. Die Schokolade unter gelegentlichem Umrühren schmelzen.
4. Die tiefgekühlten Sticks mit der geschmolzenen Schokolade überziehen und sofort nach Lust und Laune mit TK-Beeren, Schokosauce usw. verzieren.

Für 12 Stück

- 1 fertiger Käsekuchen
- 12 Holzstäbchen
- 300 g Schokolade
- Deko nach Wahl, z. B. TK-Beeren, Saucen, Süßigkeiten

Für dieses Rezept braucht ihr einen fertigen Käsekuchen – wer sich selbst einen backen will, schaue doch mal auf S. 125! Zur Not tut es aber auch ein gekauftes Exemplar, denn die Sticks machen daraus auf jeden Fall ein Highlight.

CHEESECAKE STICKS

ERDBEER-PUDDING-TORTE

OMG!

In diesem Rezept wird unsere Traum-Dessert-und-Back-Kombi „Erdbeeren plus Schokolade“ noch mal getoppt: Mit dem galaktisch cremigen Vanillepudding sieht dieser Kuchen doch einfach nur geil aus!

Für 1 Form, ø 26 cm

- 4 Eier
- 120 g + 2 EL Zucker
- 1 Pck. Vanillezucker
- Salz
- 100 g Mehl
- 2 gestrichene TL Backpulver
- 40 g Kakaopulver
- 1 Pck. Vanille-puddingpulver
- 400 ml Milch
- 200 g Sahne
- 250 g Erdbeeren
- Nuss-Nugat-Creme

Zubereitung

1. Den Backofen auf 180 °C Umluft (200 °C Ober-/Unterhitze) vorheizen.
2. Die Eier trennen, Eigelbe und Eiweiße in zwei Schüsseln geben, bei den Eiweißen darauf achten, dass die Schüssel absolut fettfrei ist.
3. Für den Tortenboden die Eigelbe mit 60 g Zucker, dem Vanillezucker und 5 EL kochend heißem Wasser in einer Küchenmaschine auf höchster Stufe schaumig schlagen, bis ein weißlicher Teig entsteht.
4. Die Eiweiße mit einem fettfreien Handrührgerät zu Eischnee schlagen, dabei 60 g Zucker und 1 Prise Salz einrieseln lassen.
5. Den Eischnee auf die Eigelbmasse geben und vorsichtig mit einem Teigschaber unterheben.
6. Das Mehl mit dem Backpulver und dem Kakao über die Eimasse sieben und vorsichtig unterheben.
7. Den Teig in eine mit Backpapier ausgekleidete Springform (Ø 26w) geben und für 25 Minuten backen.
8. Den Tortenboden aus dem Ofen nehmen und 10 Minuten abkühlen lassen. Dann mithilfe eines dünnen Messers aus der Form lösen und waagerecht mittig einmal durchschneiden.
9. Für die Creme das Puddingpulver mit dem Zucker vermischen und mit mindestens 6 EL von der Milch (Achtung, die Milch-Gesamtmenge weicht von der auf der Packung angegebenen ab!) glattrühren. Die restliche Milch aufkochen, vom Herd nehmen, das Puddingpulver hinzugeben und mit einem Schneebesen kräftig unterrühren. Den Pudding zurück auf den Herd stellen und mindestens 1 Minute unter ständigem Rühren köcheln lassen.
10. Die Puddingcreme in eine Schüssel umfüllen, mit Frischhaltefolie bedecken und für mindestens 1 Stunde in den Kühlschrank stellen.
11. Die Sahne steif schlagen, die Erdbeeren waschen und halbieren.
12. Die Puddingcreme aus dem Kühlschrank nehmen und gut durchrühren, dann die geschlagene Sahne unterheben.
13. Die Hälfte der Puddingcreme auf der unteren Hälfte des Tortenbodens verteilen, darauf die halbierten Erdbeeren verteilen und mit der restlichen Creme bedecken. Den Abschluss bildet der obere Tortenboden.
14. Etwas Nuss-Nugat-Creme erwärmen und in eine Quetschflasche geben, um die Kuchenstücke zum Servieren damit zu dekorieren.

DRINKS

Für 4 Gläser

- 4 + ½ Bio-Limetten
- 150 g Zucker
- 4 TL Kondensmilch
- Eiswürfel

Zubereitung

1. Die Bio-Limetten unter fließendem Wasser mit einer Bürste gründlich abwaschen. 4 Limetten achteln, die halbe in Scheiben schneiden.
2. Die Limettenachtel mit dem Zucker und 1 l Wasser in einen Mixer geben und 4–6 Mal für 2 Sekunden mixen – nicht länger, sonst wird die Limonade bitter.
3. Die Mischung durch ein feines Sieb abgießen. Dabei mit einem Löffel nachhelfen, um den ganzen Limettensaft herauszubekommen.
4. Jetzt noch die Kondensmilch unterrühren und die fertige Limeade mit Eiswürfeln und Limettenscheiben servieren.

BRAZILIAN LIMEADE

Dieser Drink, auch als Brazilian Lemonade bekannt, ist einer der Sommertrends auf TikTok – und das zu Recht, denn sie erfrischt perfekt!

SCHMETTERLINGS-WOLKENTEE

Blaue Pflanzen findet man in der Natur eher selten, darum sind sie echte Hingucker. Bei der Blauen Klitorie, einem Schmetterlingsblütler, ist der Name Programm, und sie gibt uns von ihrer Pracht sogar etwas ab: Aus ihren Blütenblättern wird der blaue Anchan-Tee hergestellt. Diese Farbe lädt doch förmlich dazu ein, das Glas mit Wolken zu verzieren!?

Für 2 Gläser

- 2 EL Frischkäse
- 5 EL Puderzucker
- 4 EL Anchan-Tee (Schmetterlingserbsentee)
- Eiswürfel
- 100 g Sahne
- 2 TL Honig
- 200 ml Milch

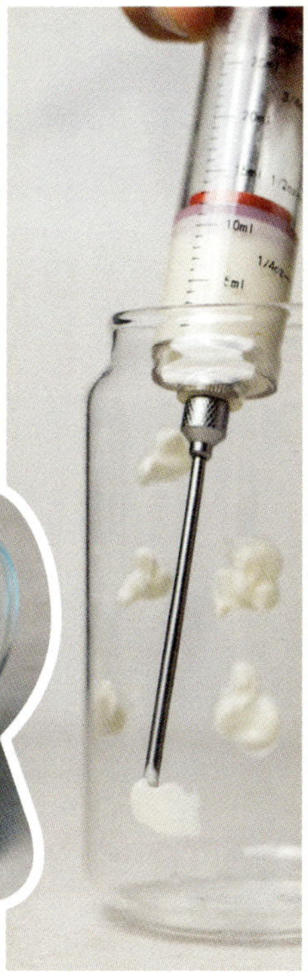

Zubereitung

1. Für die Wolken den Frischkäse mit dem Puderzucker verrühren und zusammen mit den Teegläsern für 15 Minuten in den Kühlschrank stellen.
2. Den Anchan-Tee mit 250 ml heißem Wasser aufgießen, 5 Minuten ziehen lassen. Durch ein Sieb abgießen und mit Eiswürfeln herunterkühlen.
3. Die Frischkäsemasse in eine Spritze oder einen Spritzbeutel geben und damit auf der Innenseite der Gläser Wolken aufmalen.
4. Die Sahne steif schlagen.
5. Jedes Glas etwa zu ⅓ mit Eiswürfeln füllen; den Honig hineingeben, dann mit dem Tee und der Milch aufgießen und mit Schlagsahne dekorieren.

Für 1 Shake

- 4 Kugeln Vanilleeis
- 100 g + 1 Erdbeere
- 50 ml Milch
- 30 g Schokocreme, z. B. weiße Schokolade
- Zuckerstreusel

Zubereitung

1. Das Vanilleeis mit den Erdbeeren und der Milch in einen Mixer geben und auf der höchsten Stufe für 20 Sekunden mixen.
2. Den Rand des Glases rundum mit der weißen Schokocreme bestreichen und mit den Zuckerstreuseln dekorieren.
3. Den Shake einfüllen und als Krönung eine Erdbeere auf den Glasrand stecken.

LOVE

Für unser Grundrezept dieses mega leckeren Drinks benötigt ihr gerade einmal drei Zutaten – und nur wenig mehr als drei Minuten, versprochen!

STRAWBERRY MILKSHAKE

HASELNUSS-MILCHSHAKE

Dieser außergewöhnliche Milchshake hebt das Geschmackserlebnis-Potenzial von Shakes auf ein ganz neues Level!

Für 1 Shake

- 1 EL + 30 g Haselnusscreme
- 200 ml Milch
- 3 gefüllte Keks-Schokoriegel, zum Beispiel mit Milch-Haselnuss-Cremefüllung

Zubereitung

1. Das Vanilleeis mit 1 EL Haselnusscreme, der Milch und zwei Keks-Schokoriegeln in einen Mixer geben und auf der höchsten Stufe für 20 Sekunden mixen. Den Shake in ein Glas füllen.
2. 30 g Haselnusscreme erwärmen und in eine Quetschflasche geben. Damit den Rand des Glases rundherum dekorieren.
3. Als Krönung den letzten Keks-Schokoriegel auf das Glas.

REGISTER

A
Amaretto 90
Anchan-Tee 134
Avocado 12, 56

B
Backkakao 24, 26, 120
Blätterteig (Fertigprodukt) 20
Bohnen, schwarze 54
Bohnen, weiße 54
Brezeln 36
Brombeeren 14, 16
Burrata 72
Butterkekse 124

C
Chiasamen 16
Chocolate Chips 22, 80, 98
Chocolate Chunks 112
Cookies 'n Cream-Kekse 84

E
Eier 12, 24, 26, 28, 56, 82, 92, 96, 98, 100, 104, 106, 112, 114, 120, 124, 128
Erdbeeren 14, 16, 22, 76, 90, 128, 136

F
Feta 54, 60, 70
Frischkäse 48, 56, 122, 124, 132
Frühlingszwiebel 58

G
Götterspeise 122
Granatapfel 14
Gurke → s. Salatgurke

H
Haselnusscreme 138
Hefeteig (Fertigprodukt) 16
Heidelbeeren 14, 16, 22
Hot-Dog-Würstchen 52

K
Käse 12, 32, 38, 52, 54, 56, 60, 62, 64, 66, 68, 70, 72
Käsekuchen (Fertigprodukt) 126
Kaffee 90
Kakaopulver 86, 102, 128
Karotten 72
Kartoffeln 40, 42, 44, 46
Keks-Schokoriegel 26, 100, 138
Kiwi 16
Kirschtomaten 32, 56, 70
Knoblauch 34, 46, 50, 58, 60, 64, 72
Kokosnuss 14
Kondensmilch 84, 132

L
Lebensmittelfarbe 92
Limetten 132
Löffelbiskuits 90, 122

M
Mandeldrink 16
Mais 54
Maismehl 52
Mandarine 76
Mandeln 78
Mango 16
Mascarpone 90
Mehl 18, 22, 24, 26, 28, 32, 42, 52, 62, 66, 80, 92, 96, 98, 100, 102, 104, 106, 108, 110, 112, 114, 118, 120, 124, 128
Mozzarella 32, 56, 62, 64

N
Nudeln 38, 60, 62, 64, 66, 68, 70
Nuss-Gebäckkugeln 88
Nuss-Nugat-Creme 28, 82, 88, 96, 110, 124, 128

P
Panko 52
Paprika 54, 72

R
Räucherlachs 48
Reisessig 50
Rote Bete 60

S
Salatgurke 48, 50
Sahne 64, 72, 90, 92, 102, 114, 122, 124, 128, 134
Schmand 92, 124
Schoko-Erdbeer-Riegel 106
Schokocreme 106, 136
Schokolade 86, 88, 100, 102, 106, 114, 120, 126
Schokolinsen 104, 108
Schokoriegel 26, 98
Sojasauce 48, 50, 58
Sriracha-Sauce 50

T
Toast 12, 82
Tomaten 54, 72
Tortilla 56
Trauben 76

U
Udon-Nudeln 58

V
Vanilleeis 88, 136
Vanillejoghurt 118
Vanillepudding-pulver 128

Z
Zimt 18, 20, 78, 82, 114, 116, 118
Zitronen 68
Zucchini 72

BUCHEMPFEHLUNGEN

Noch mehr Kreativ-Bücher zum gleichen Thema gesucht?

ISBN 978-3-7358-5370-7

ISBN 978-3-7358-5389-9

ISBN 978-3-7358-5175-8

ISBN 978-3-7358-5421-6

ISBN 978-3-7358-5316-5

ISBN 978-3-7358-5315-8

ISBN 978-3-7358-5455-1

ISBN 978-3-7358-5343-1

ISBN 978-3-7358-5394-3

Viele weitere Kreativ-Bücher findest du auf www.TOPP-kreativ.de